成长也是一种美好

# 每个家都是学习的好地方

## 家庭语文教育指南

吴欣歆
著

人民邮电出版社
北京

**图书在版编目（CIP）数据**

每个家都是学习的好地方 : 家庭语文教育指南 / 吴欣歆著. -- 北京 : 人民邮电出版社, 2023.7
ISBN 978-7-115-61274-8

Ⅰ. ①每... Ⅱ. ①吴... Ⅲ. ①语文教学—中小学教育—家庭教育—指南 Ⅳ. ①G633.302-62②G782-62

中国国家版本馆CIP数据核字(2023)第036591号

---

◆ 著 吴欣歆
责任编辑 刘艳静
责任印制 周昇亮
◆ 人民邮电出版社出版发行 北京市丰台区成寿寺路 11 号
邮编 100164 电子邮件 315@ptpress.com.cn
网址 https://www.ptpress.com.cn
天津千鹤文化传播有限公司印刷
◆ 开本：880 × 1230 1/32
印张：10.5 2023 年 7 月第 1 版
字数：280 千字 2025 年 8 月天津第 6 次印刷

---

定价：69.80 元

**读者服务热线：（010）67630125 印装质量热线：（010）81055316**
**反盗版热线：（010）81055315**

# 前言

2014年12月7日，《中国教育报》“家庭教育”专栏刊登了该报记者杨咏梅的文章《大数据颠覆10个家庭教育常识》。报道的数据信息源自中国教育科学研究院对北京、黑龙江、江西和山东4个省市2万名家长和2万名小学生进行的家庭教育状态调查。调查结果反映了当时小学生家庭教育的特点和问题，颠覆了家长们习以为常的观念与认识。记者选取了以下10个问题，呈现了调查结果。

1. 家庭教育的终极目标是“成才”还是“成人”？
2. 学前班能让孩子赢在起跑线上吗？
3. 择校能带来家长期待的效果吗？
4. 课外班与课外作业能提升孩子的成绩吗？
5. “考得好就给奖励”管用吗？
6. 家人共进晚餐能提高孩子的学习成绩？
7. 会做家务的孩子学习更好？
8. “隐形爸爸”是一种家庭缺陷？

9. 男孩的父母更不了解孩子的内心？

10. 男孩成绩不好和父母有关吗？

调查显示的结果令人吃惊。

家长更关心子女能否“成才”，而忽视了教育的终极目标——“成人”。他们不太关注孩子的人际交往、自理能力、性格养成、兴趣爱好、情绪情感等发展性因素，对建立亲密亲子关系、营造良好家庭文化氛围的重要性认识不足。

学前班不仅没能帮助小学生赢得学业优势，反而因为让孩子过早地学习知识，引发了挫败感，降低了孩子学习的自信心和兴趣，导致了他们学业上的倦怠和松懈。

“择校生”和“就近入学学生”的学业情况，相差甚微。择校无法满足家长原本的期待——提高孩子的学业水平。

课外班及课外作业是性价比很低的家庭教育投入，不仅不能换来小学生学习上的优势，反而会催生身心俱疲、学习兴趣减弱、厌学逆反等不良心态，对孩子的学业产生负面效应。

与孩子成绩优秀成正相关的，不是买礼物、给零花钱等物质奖励，而是父母双方教育理念一致、建立相互理解相互支持的亲子沟通模式，以及家人之间良好的情绪理解与反馈。

闲暇时父母经常读书看报的家庭，子女成绩优秀的比例更高。父亲经常和孩子一起做游戏、运动、聊天、修理东西等，会对孩子的学业水平产生良好而显著的影响。家庭娱乐活动越多，孩子的成绩越优秀。而成绩优秀的学生，几乎每天或者至少每周 2 ~ 3 天，全家人能共进晚餐。

自主管理能力强的小学生，学业水平更高。平时专门负责一两项家务的孩子，成绩优秀的比例相对较高。

父亲教育的缺失，会导致男孩的性别认同弱化。这样的男孩更容易被母亲过分呵护、过度保护，缺少独立锻炼的机会，缺乏纪律教育和监督，甚至可能发展出各种暴力行为。

男孩不善于向父母坦露心迹，较少主动跟父母沟通，面对要求或压力时，他们要么反抗、要么沉默忍耐。很多男孩的父母没有深入考虑孩子的特点和需求，对他们的了解多为学习、交往等外在情况，却不了解他们的内心世界，这就影响了亲子沟通的质量和教育方式的有效性。

男孩的学业成绩明显会受到父母教育方式的影响。学业成绩较好的男孩，父母平时通常使用的是比较积极的教养方式，比如冷静处理、耐心倾听、平等对话等。

如今，这些调查已经过去多年，我们的家庭教育情况有所改善吗？据我了解的情况，很多家长面对家庭教育问题时，依然处在“常识性”知识混乱的状态，“跟着感觉走”的家长的数量惊人；家长感到的教育焦虑也并未因“双减”而降低。

我对家庭教育的关注，主要来自三个方面。

其一是我的孩子。他成年后，我常常反思自己曾经如何理智地规避了我在受教育的过程中遇到的问题，反思我给他的教育有哪些突出的优势和明显的弊端。

其二是我的第一批学生。他们年过四十，却依然跟我保持着长期而良好的互动。他们的孩子从小就经常到我家来玩；他们在孩子入园、升学等关键问题上，通常也会跟我沟通、讨论，这让我看到了家庭教育中的各种特殊现象。

其三是儿童文学作品的阅读。作品中有些童年生活场景会跟我曾经的生活重叠，引发了我对某些场景的细致回忆。作为一个教育工作者，回忆的过程很多时候会成为我自我疗愈的过程，类似于自我心理咨询。有时，作品中小主人公的经历和感受、他们所受的教育、他们与父母师长和周围世界的互动，也成了我反观教育现象的契机，我就像在对一个个教育案例进行对比分析。

对家庭教育长期的关注与思考，让我坚定地认为：通过努力，每个家庭都可以成为学习的好地方。这里的“学习”是广义的，涵盖了全部的教养内容，旨在帮助孩子成为完整的人，让他们树立正确的人生观、世界观、价值观，让他们能够有理想、有才干、有自信、能独立、爱思考、善表达、尊重他人、悦纳自我，让他们具备应对未来生活的学习力和应变力。我是语文教师出身，对语文学习的理解相对深入，以语文学习为例来说明问题，更加得心应手。因此，《每个家都是学习的好地方》表面上讨论的是语文学习活动，实际上讨论的是如何建设良好的家庭学习环境和家庭生态环境。

我写这本书的目的是传播家庭语文教育常识，进而推动社会形成语文学习的共识，形成家庭学习的共识，帮助家长从狭义的“抓学习”中走出来，在广阔的教育视野中，探索生活教育、人格教育、行为养成教育的个性化方式，让具有终身性和示范性特征的家庭教育，助力孩子的未来发展。换个角度来看，现代社会的发展让学校教育和家庭教育从各自发挥作用变成了整合发挥作用。两者的有机结合，要求更多的家长懂得学习的基本原理，顺应儿童成长的规律，帮助孩子既学会社会规则，又拥有个性发展的自由。在提升家庭教育质量的同时，家长的教育焦虑水平降低了，家庭乃至社会的和谐程度都会因此而提高。

阅读这本书时，不必循序渐进。读者可以根据自己的需求，把每一章当成独立的阅读单元，针对家庭中暂时出现的问题，寻找适合的解决方案。要提醒读者的是：学习常识、懂得道理，很容易，书中并没有什么高深的理论；按照常识指引的方向，使用书中提供的策略设计并开展家庭学习活动，也不难，每种策略都搭配了可视化、好操作的实践工具；唯一的难点是成为一个“长期主义者”。哪怕只有一种学习活动适合您的家庭，长久地坚持下去，也会产生奇效。知行合一是中国古代哲学认识论和实践论的重要命题，“知为行之始，行为知之成”，若要“成”，就在学习之后，行动起来吧。

期待这本书能为您和您的家庭提供真实的帮助。

吴欣歆

2023 年 1 月 2 日于北京

# 目录

## 第三章　跟孩子一起寻找“人生之书”/ 049



---

# 第二部分　场域 · 情境建构 / 071

## 第四章　营造良好的家庭语言环境 / 073



## 第五章　提高家庭支持性，拓展孩子的语言边界 / 095

第一部分

# 奠基<br>认知突围

认知既是人加工信息的过程，也是人认识世界的产物。一天只有 24 小时，如何才能实现更高的目标，满足更多的期许？关键在于认知突围，即突破原有的认知方式，改变我们感知外界的方式，总结经验，发现规律，更新认知结构，形成新的认知图式。重新认识教育，重新认识大千世界的教育功能，重新认识阅读的教育价值，能助力我们透过教育现实的表象追问其本质，理解教育活动中人与人、人与世界的关系，把握教育的发展方向与基本规律，立足认识水平的提升，重建对家庭教育的认知。

# 第一章
# 重新认识孩子，消解教育焦虑

☆☆☆

焦虑源自认知模糊。
努力提高眼中世界的清晰度，焦虑自然就会消解。

☆☆☆

我的孩子小升初，没考上实验班。我看完分班名单，还没走到学校门口，眼泪就流下来了。我在那所学校有很多熟人，最亲近的是一位师妹，或许是有人告诉她我在校门口情绪低落，或许是她碰巧路过，在我们相遇的瞬间，我居然哽咽着说不出话。尚未成家的师妹，不能跟我共情，直截了当地说："从成绩看，您的孩子就是个普通的孩子，为什么不能上普通班？您难道就这么虚荣，不能接受自己有个普通的孩子？您痛苦，对孩子也没有帮助啊！"短短三句话，刺耳扎心，却实事求是。实验班更好，是从大众视角做出的"随波逐流"的判断，而不是根据自家孩子的情况进行的理性思考。我陷入了一种莫名的焦虑，在模糊的世界里强化自己的痛苦，却根本没想清楚：我的痛苦从何而来，以现在的状况来看，未来究竟会怎样。

静下心来，试着让眼前的世界变得清晰，我开启了理智的思考：孩子处于符合现有水平的群体中，能够平视学习内容，也许还能略微“居高临下”，建立自信心，在一个个小成就的激励下逐步实现学业水平的进阶。理智的思考带来了合理的决策：顺应教育的基本规律行动，跟孩子讨论他在普通班的优势，制订恰当的学习计划，提高学习方法的合理性。

十几年过去了，我的孩子不但心理健康地完成了学业，而且硕士毕业后依然保有学习的热情。

3 Minutes 分钟 | 工作坊

### 列出你的焦虑

孩子处在成长的不同阶段，会触发家长不同类型的焦虑。对于孩子的教育，你在什么时候最焦虑？你的焦虑集中在哪里？

“孩子幼升小时最焦虑。我成天看网上那些‘鸡娃’爸妈的经验分享，生怕自己该做的没做到，让孩子输在起跑线上。”

“孩子三年级时我最焦虑。孩子学习开始跟不上，我也不知道怎么辅导，只能不断地给他买练习册。”

“孩子从初二开始厌学，跟他讲道理也不爱理我，怎么说都没用，很无力。”

…………

**请在这里写下你的答案：**________________________________

________________________________________________

现在，让你眼前的世界变得清晰一点儿、再清晰一点儿。请你努力看清楚，让你感到焦虑的真正原因是什么？

“感觉自己比不上别的家长，想给孩子提供更好的条件，却发现自己能做的有限。”

“我上学的时候成绩就不好，总希望孩子至少能比我强。”

“孩子小的时候有什么都爱跟我说，可能到了青春期就会变得话少吧？仔细想想也能理解了。”

…………

**请在这里写下你的答案：**________________________________

________________________________________________

看清了焦虑的真正原因，我们就会发现：让自己焦虑的那些现状，通常是我们不能改变的。我们能改变的，只有自己看待世界的方式——这似乎是一个尽人皆知的道理。在家庭教育的问题上，我们该如何让自己的视野变得更清晰？

## 了解孩子的气质类型与优势智能

俗话说："三岁看大，七岁看老。"意思是，孩子到了三岁，性格基本就稳定了，没有特殊的事件不会发生太大的改变。不同气质、不同性格的孩子，适合的学习方法不同，未来的发展方向也不同。

孩子小的时候，家长会根据孩子多次生病的经历，确认孩子的体质特征，尽量按照孩子的体质类型安排起居作息，以期规避孩子再次生病。孩子在情绪上的表现也应该受到同等程度的重视，长期累积下来的不良情绪可能会导致严重的心理问题。这些心理问题一旦被发现往往就是大问题，而且比生理问题更难解决。

确认孩子的气质类型、智能结构、人格特点，与确认他们的体质类型同样重要，甚至更为重要。按照孩子的心理特点安排他们的生活与学习，让孩子在良好的心理环境中成长，其好处显而易见。

气质是人所具有的典型的、稳定的心理特点。它包括心理活动的速度（如语言、感知及思维的速度等）、强度（如情绪体验的强弱、意志的强弱等）、稳定性（如注意力集中时间的长短等）和指向性（如内向性、外向性）。气质及其组合方式形成了不同的气质类型，在气质类型的影响下，人的心理活动和外在行为都会体现出个性化的特征。

按照希波克拉底的体液说，人的气质类型被分为多血质、胆汁质、黏液质和抑郁质四种。

多血质的人活泼好动，善于交际，思维敏捷，容易接受新事物，情感容易被触动，虽然情绪变化比较快，但是情绪体验并不深刻。

胆汁质的人在反应速度上可以被视为多血质的“加强版”。他们精力更充沛、思维更敏捷，情绪反应更加强烈、难以自制，容易感情用事。

黏液质的人比较安静、克制，做事严肃、认真，有耐心，喜欢埋头钻研，情绪波动比较小。

抑郁质的人大多比较孤僻，不喜欢群体活动，对外界的观察细致入微，非常敏感，表情腼腆，动作迟缓，面对困难容易优柔寡断。

孩子的气质类型大多不是单一的。一般来说，家长只通过观察就可以确认孩子的气质类型包括哪几种，以及由哪一种主导；也可以直接采用成熟的气质类型心理测试，帮助自己做出科学的判断。

明确了孩子的气质类型，家长就能够方向明确地体会孩子的情感、疏导孩子的情绪，有针对性地指导孩子与所处的群体沟通、协商出合理的相处模式，也能更科学地帮助孩子反观自己的言行举止，实现自我提升。

霍华德·加德纳在 1983 年出版了《智能的结构》，提出人有七种智能：语言、数理逻辑、空间、身体–运动、音乐、人际、内省。在 1995 年，他又在七种智能之外，补充了“自然探索智能”。按照霍华德·加德纳的多元智能理论，人与人的智能结构存在比较大的差异，每个人的智能要素发展是不均衡的，在优势智能上选择人生方向，会取得更大的成就。

3 Minutes 分钟 | 工作坊

### 我们的优势智能

霍华德·加德纳在 20 世纪 80 年代提出了“多元智能理论”，后经完善，他将人的智能分为八种。以下是每种智能的“满分”人群及其表现。请将一张 A4 纸横过来，折成八等份，分别标出八种智能，依照“满分”的表现，在自己的优势智能上打“√”。

1. 语言智能：优秀的律师、教师、演讲者通常具有高水平的语言智能，他们说话针对性强，遣词造句精准，能够有力地传递情感、表达观点。
2. 数理逻辑智能：用数理的抽象逻辑开展工作的人，如程序员、基础数学研究者，通常具有较高的数理逻辑智能，他们能够从具象世界中抽取规律，建立抽象的模型。
3. 空间智能：如画家、建筑设计师、灯光师等，他们对空间布局、色彩搭配、光与影的关系都极为敏感，而且能组合各种要素，营造审美氛围。
4. 身体－运动智能：身体－运动智能水平高的人对身体的控制力超出常人，突出体现在运动员、舞蹈家、手工艺者等人的身上。
5. 音乐智能：音乐智能水平高的人能够准确感受到声音中包含的信息，用音乐表达思想情感，比如指挥家、音乐评论家、调音师等。
6. 人际智能：一个人在群体活动中，不但自己感到舒适，也能让周围的人舒适，能够看到人际交往中的关键节点，并采取合理的行动，使事情向良好的方向发展。人际智能高的人更容易成为优秀的领导者、外交家、公关人员、销售人员。

7. 内省智能：内省智能水平高的人善于收集不同的信息促进自我反思，清楚自己在不同情境中的优势与劣势，能够根据既定目标调整自己的认知方式与行动方案，如哲学家、思想家、政治家。
8. 自然探索智能：自然探索智能水平高的人具备敏锐的观察力和感受力，能够捕捉自然和社会中有价值的现象，是能够发现细微变化的人，如生物学家、地理学家、社会学家。

**你的优势智能：**______________________________

**结合自己正在从事的工作，写出你的优势智能体现在哪些方面：**___

______________________________

根据多元智能理论，我们可以用“一月记录”的方式发现孩子的优势智能。观察的角度包括八种智能的具体表现。

1. 利用语言描述事件、表达感受、与他人沟通的情况。
2. 面对可被测量、可被分类、可被分析的事物时的反应。
3. 对色彩、线条、形状、形式、空间及其组合关系的辨别、感受和记忆的情况。

4. 控制身体工作的能力，以及通过身体动作来表达情感时的表现。
5. 对音调、旋律、节奏和音色是否敏感，有哪些具体表现。
6. 在群体活动中的组织、协商、建立联系的方式。
7. 是否清楚了解自己的动机、欲望和情绪。
8. 对自然事物和自然的细微变化是否敏感。

在这一个月中，家长可以设计各种能够引发孩子相关表现的问题和活动，组织家人之间的对话，以观察孩子的智能特点，确定孩子的优势智能。在准确判断的基础上，家长就能方向明确地给孩子创造“增值”空间，而不是盲目地拿自家孩子跟其他孩子做比较——不同智能结构的孩子，在同一个点位上，不具备比较意义。

人格是稳定的、习惯化的思维方式和行为风格，是人的独特特征的整体写照。初中毕业前后，家长应该全面了解孩子的人格特点。采用“卡特尔人格测试”是了解人格特点相对简便的方法。

19 世纪 70 年代，美国心理学家卡特尔以他的“人格特质理论”为基础，编制了人格因素问卷，从乐群性、聪慧性、稳定性、恃强性、兴奋性、有恒性、敢为性、敏感性、怀疑性、幻想性、世故性、忧虑性、实验性、独立性、自律性、紧张性这十六个方面进行测试。卡特尔认为，人的行为之所以具有一致性和规律性，是因为每一个人都有根源特质。卡特尔人格因素问卷可以反映被试者人格十六个方面各自的情况，以及整体的人格特点组合情况，还可以通过某些因素的组合效应反映性格的内外向型、心理健康状况、人际关系情况、职业性向，以及人在新环境中是否具备学习成长能力等。简而言之，卡特尔人格测试能够帮助我们了解孩子在环境适应、专业成就和心理健康等方面的表现。

孩子是不同于我们的独立个体，有时，我们需要刻意放下家长的身份，用局外人的视角去观察他们，科学地了解他们的心理世界。这是家长缓解焦虑的重要基础。

## 顺应时代变化，审视教育目标

据教育部公布的数据，1980 年，全国参加高考人数为 333 万，录取人数为 28 万，录取率 8.4%；2000 年，全国参加高考人数为 375 万，录取人数为 221 万，录取率 58.9%；2020 年，全国参加高考人数为 1071 万，录取人数为 967.45 万，录取率达 90.33%。越来越高的高考录取率告诉我们：当今时代，家长在孩子能否上大学这个问题上不必过分焦虑，用力的方向应调整为帮助孩子找到适合他的学校。

除了高考录取率，社会变化还体现在方方面面。1999 年，《中华人民共和国职业分类大典》（以下简称“《大典》”）颁布，将中国的职业归为 8 个大类、66 个中类、413 个小类、1838 个细类。2015 年新修订的《大典》将职业分为 8 个大类、75 个中类、434 个小类、1481 个细类。16 年间，职业的中类、小类有所增加，职业的细类数量反而有所减少，这反映了社会资源和社会结构的变化。

经济全球化的趋势、信息化的发展、知识经济成为产能主体……这些变化直接改变着人们的行业、职业，间接改变着教育目标。从业的要求逐渐放宽，一个人可以从事的职业更加多元，“斜杠青年”越来越多，终身从事一种职业的人越来越少……社会发展的事实告诉我们：在孩子能否获取从业资格这个问题上不必过分焦虑，关注的重点应调整为如何让孩子发现自己的从业优势。

当代社会变化的速度、幅度、强度，要求教育培养适应这种变化的人。什么样的人能适应这样的变化？大致如下：能够了解自己所处的环境，根据环境做出整体规划；能用自主自律的方式执行规划，采用合理的方式规避冲突，利用科学的方法解决问题；自我存在感强，具备生存能力和竞争实力，能够形成在社会生活中发挥自身作用的责任心和使命感。

培养出适应并推动未来社会发展的人，是国家层面的系统工程。学校教育应能够给予孩子未来发展所需要的学习力，让学习、发展形成良性循环，以实现学生的终身学习、终身发展。完成普通高等学校的教育后，按照复利曲线的观点，一个人真正出现高速增长的“拐点”，要等到三十岁左右。换言之，三十岁之前都在积淀。

认识到时代的变化、教育目标的变化，认识到三十岁才是人生真正的“拐点”，我们教育视野的清晰度就提高了——按照成长规律，踏踏实实地陪伴孩子找寻适合的职业，开启适合孩子的生活方式，这是教育的应有之义。人生是一场马拉松，人人都要找到适合自己的节奏，节奏乱了，调整周期变长，效果未可知。在学校教育阶段提速过高，大概率会“欲速则不达”。

先辈学人早就看到了这个特点。《礼记·学记》记载，学子入太学后，“一年视离经辨志；三年视敬业乐群；五年视博习亲师；七年视论学取友，谓之小成。九年知类通达，强立而不反，谓之大成”[①]。逐年积累下来，“大成”大约就是在三十岁。

换个角度来看，在教育过程中，一旦家长将自己的急功近

① 李学勤．十三经注疏·礼记正义（上、中、下）[M]．北京：北京大学出版社，1999：1052-1053.

利、急于求成的观念传递给了孩子，影响了孩子的价值观，焦虑的代际传导就开始了，几代人传导下来，家庭的心理氛围、教育环境被破坏，很可能导致恶性循环。

3分钟 Minutes | 工作坊

## 父母的唠叨

在学生时代，家长最常用哪句话唠叨你？

“不许剩饭！”

“要什么冰激凌？我看你像冰激凌。”

“现在不好好学习，将来找不着好工作！”

“你看看人家那个谁谁谁！”

…………

**请在这里写下你的答案：**____________________

这些唠叨“年代感”很强，很多都带着家长艰难成长的印记。随着时代的发展，很多问题对今天的孩子来说已经不再是问题，但家长因焦虑对子女施加负面情绪的现象一直存在。我们该如何切断焦虑的代际传导呢？

“不光告诉孩子不能做什么，还要告诉他为什么。”

"给孩子更多的耐心，不进行情绪化的发言。"

"多跟孩子分享自己的经验和感受，而不是单方面地说教。"

"放平心态，别拿孩子跟别人比。"

…………

**请在这里写下你的决定：**______________________________

______________________________________________

教育是面向未来的。我们从父母那里"继承"的焦虑心理，或许正在通过代际传导，影响着下一代的生活。认识到这一点，我们更有必要重新审视今天的教育目标，进一步提高教育视野的清晰度。

今天的教育目标的基本定位是让孩子身心健康，获得较好的文化基础，能够反思自己的言行，自主自律地参与社会生活，能用自己舒适的方式走向未来的人生，成为"体面劳动者"。新时代的家庭教育应该帮助孩子成为内心饱满而有弹性的人，让他们拥有一辆框架结实的"自行车"，车胎亏气了打满气，链条松了紧一紧，运动部件用久了添点儿润滑油减少磨损，偶尔也需要大修一次。想象一下一个人骑着一辆好自行车的感觉：轻松流畅，可快可慢，耳边传来车轮转动和部件运行的美好乐音。

方向正确，只管走，走一步就有走一步的欢喜，家长自然无须焦虑。

## 家长的支持力、影响力和服务力

人的一切痛苦，本质上都是对自己无能的愤怒，而焦虑大多源自这种愤怒感。减少焦虑，首先要降低对自己无能的愤怒感。如何做呢？从寻找自己的优势开始。一个人用优势确认来弱化无能感，明确了自己能够做到、能够实现的事情，就能用积极的行动克服胡思乱想的恐慌，而行动力带来的充实感与成就感能够增强自信，带动良好的情绪循环。

在各种焦虑的类型中，跟家庭教育最为相关的就是选择焦虑和难度焦虑。前者和家庭自身的定位、孩子的特点、孩子所处环境与定位的匹配度相关，后者和家长面对家庭教育的能力水平相关。所谓优势，不仅在于能力、财富、社会地位……在家庭教育方面，我们还可能拥有以下几种独特的优势。

### » 支持力

支持力强的家长，能够迅速分辨孩子的情绪，通过引导帮助孩子弄清楚情绪的来源，让积极的情绪更积极，让消极的情绪及时得到疏解或转化；能够根据孩子的行为表现来推测可能发生的事情，用合作型的语言，让孩子感受到“我和你一起”“我们一起面对问题”；能够跟孩子一起解决学业上的困惑，提供合理的方法，从底层逻辑出发，挖掘深层次的问题。有这样的家长，孩子会乐于把问题带回家，乐于跟家长一起讨论解决办法，虽然未必会接受家长的意见，但会吸纳家长的建议。

我的孩子上初三的时候，遇到了一位不好沟通的班主任。最初，孩子以为是自己有问题，怎么也找不到舒适的相处方式，说起这件事时只有唉声叹气。我在家长会上认真观察了这位老师，确定不是孩子的问题。回家后，我跟孩子一起梳理他们相处过程中的语言细节、表情动作，用自己的经验跟孩子一起推演应对的办法。多年后，孩子回忆起这段日子，告诉我：“其实，后来老师还是那样，但我一想起妈妈跟我排练的样子，就放松多了。”

我工作特别忙，做饭不及时、家务做得潦草时，孩子总会安慰我：“没关系，我更需要您在关键时刻解决关键问题。”

### » 影响力

影响力强的家长在自己的职业领域有所成就，或者在待人接物方面有突出的优势。他们虽然通常没有更多的时间陪伴孩子，但是为孩子树立了一个学术或社会形象的标杆。孩子为他们感到骄傲，渴望成为像他们一样的人。在这样的家庭里，教育就是家长每天的言传身教，孩子会按照家长示范的样子，自然而然地长大。

我遇见过一位打手术结打得极其漂亮的孩子，他的父亲是一位卓越的外科医生，工作很忙，每天回到家都筋疲力尽，很少有时间陪伴孩子。可孩子看着父亲的奖杯、奖状，看着父亲接受采访，看着父亲接到患者的感谢信……父亲在孩子的心目中便极具光彩。他缠着父亲学打手术结，练习长跑，要求自己生物、化学科目的成绩必须是满分，希望自己做好一个外科医生的基础准备工作。

影响力强到极致的家长不用说话，只要做好自己，就做好了家庭教育。

### » 服务力

服务力强的家长能给孩子一个温暖、幸福的家。孩子一想到家里窗明几净、饭菜飘香，一想到回家能看到父母温和的笑脸，立刻就能打起精神。不管遇到什么问题，一回家，孩子必定心安肚饱，情绪稳定，心智能力复苏，也可能会自然想到解决办法；就算一时想不到解决办法，家里的温馨、舒适也能让难题和不良情绪暂时被搁置。洗衣、做菜、收拾房间，通过刻意练习就能做到；良好的家庭环境，能让孩子受益终身——在这种环境下长大的孩子，通常懂礼貌、有修养、会感恩。

支持力、影响力、服务力……突然觉得自己一无是处了？大可不必。认真思考至少能够让家长确定自己在家庭教育中发展独特优势的方向。还有另一种情况，三种优势在现有家庭教育中都有一些，但都不突出，不必担心——综合优势的影响通常更为显著。

## 聚焦关键行为，长期坚守

在未来 5 ~ 10 年，你希望自己用怎样的姿态面对教育焦虑？怎么做才能让自己缓解焦虑，展现良好的姿态？具体行动是对抗不确定性的有效方法：确定自己的独特优势后，聚焦能够发挥这种优势的关键行为，长期坚持，实现复利效应。

有位高三的班主任，在临考前跟学生一起回顾了“咱们这三年”，着重展示了“咱们这一年”。学生从中看到了三年的系统学习，看到了一年的全面备考，从而信心倍增，个个都期待在高考中一展风采。这位老师能在高考前做出这么完整、细致的总结，有赖于她平时所写的“成长日记”。我们也可以借鉴她的经验，确定自己在家庭教育中的关键行为。

比如，每天陪伴孩子半小时，写一篇家庭日记。陪伴的目的是倾听、观察、解释、探索，为孩子提供支持。陪伴的方式多种多样，关键是要一心一意。时常翻阅家庭日记，我们就会因自己的努力而心安，就会因孩子的进步而振奋。

再比如，每周用固定的时间组织“家庭成员恳谈会”。在会上，家庭成员分别说说自己这一周的“高光时刻”“至暗时刻”“家人给自己力量的时刻”，用分享的方式发挥影响力，把家庭成员紧密联结在一起。家庭也需要“团建”，也需要建设家庭文化，以帮助家庭成员在精神层面形成共同的追求。

家长还可以每周选一篇文章，在自己认真阅读并真正从中受到启发后，再与孩子约定一个时间将文章读给孩子听，通过讲出自己的收获与感悟，用自己的人生经验和认知水平引领孩子的精神成长与思想发育。很多家庭都希望通过教育实现向上流动，其实个体的认知、涵养更需要向上流动。生活永远值得我们向上追求。

用固定的时间做固定的事情，让某件事情在某段时间享有优先权——这在家庭生活中很重要。在《小王子》中，狐狸要求小王子“最好还是在原来的那个时间来……比如说，你下午四点来，那么从三点起，我就开始感到幸福。时间越临近，我就感到越幸福。到了四点的时候，我就会坐立不安；我就会发现幸福的代价。但是，如果你随便什么时候来，我就不知道在什么时候该准备好我的心情……应当有一定的仪式”①。仪式感能够增加体验的深度，能够让关键行为获得更加充分的坚持理由。

只要充分了解自己的孩子，充分理解教育的功能，充分把握自己的独特优势，并且能够长期坚守，我们就能在纷繁芜杂的世

---

① 圣埃克絮佩里．小王子［M］．周克希，译．上海：上海译文出版社，2009：96.

界中提高自己视野的清晰度。该做的都做了，还是以理性分析为基础，做得科学、合理，能改变的便在积极的状态下改变了，对不能改变的，家长坦然接受就好。如此一来，还有什么好焦虑的呢？

3 Minutes 分钟 | 工作坊

## 本章学习要点回顾

在这一章的学习过程中，让你印象最深刻的一个概念是什么？

“优势智能。”

“代际传导。”

“支持力。”

“仪式感。”

…………

**请在这里写下你的答案：**________________________

概念不能只停留在意识层面，更要用来指导行动、生活。当我们了解一个概念后，更有可能在生活中践行或规避它。这也是提高视野清晰度的表现之一。

现在，你觉得心里的教育焦虑缓解了多少？

“70%。”

“一半吧，剩下的一半需要慢慢消化。”

“现在感觉一身轻松。”

…………

**请在这里写下你的答案：**______________________________

______________________________________________

了解科学原理、吸纳合理建议，最多能让焦虑减轻一半，剩下的一半，需要在长期的实践中慢慢消解。只有坚持行动，看到自己的努力和成果，你才能打好这场“持久战”。

本章学习过后，请用一句话概括你的收获。

“原来很多问题都是‘看不清’造成的。看清之后，这些问题也就没什么可怕的了。”

“看清”就是一种科学的认知过程。有了科学的认知，你才能采取有效的方法，真正解决问题。

“以前总以为我能做的就是辅导孩子写作业，现在看来，我能做的还有很多。”

辅导作业只是陪伴的一种方式，更重要的是在生活中发掘各种陪伴的形式和机会，制造属于一家人的仪式感。

…………

**请在这里写下你的答案：** ________________________________

________________________________________________

## 本章要点

清晰的视野来自科学的认知，用科学的方式去了解孩子、了解教育、了解我们自己，我们视野中的世界就不再模糊，我们就可减少无知带来的焦虑。

除了科学的认知，我们还需要长期的行动。利用自己的独特优势，确定自己在家庭教育上的关键行为，并且持之以恒地实践。长此以往，我们会发现自己焦虑的时间越来越少，行动的时间越来越多，教育的“不确定性”越来越少，对自己和孩子的认可越来越多。

有科学的明灯照亮教育的海面，焦虑的潮水总会退去。

## 语文学习家庭支持清单

请在你做到的事项前打“√”，并为自己打分。

- ■ **通过观察，了解孩子的气质类型** ★★★★★
- ■ **通过“一月记录”，发现孩子的优势智能** ★★★★★
- ■ **重新认识了新时代的教育目标** ★★★★★
- ■ **反思了自己的焦虑对孩子的负面影响** ★★★★★
- ■ **确认了自己在教育中的独特优势** ★★★★★
- ■ **陪伴孩子，写家庭日记，坚持一个月** ★★★★★
- ■ **每周组织“家庭成员恳谈会”，坚持一个月** ★★★★★
- ■ **每周为孩子阅读一篇精选文章，分享你的收获和感悟，坚持一个月** ★★★★★

# 第二章
# 帮孩子看到窗外大千世界

☆☆☆

语文的外延等于生活的外延。

☆☆☆

一个偶然的机会，我参观了汉阳陵博物馆，被那里展出的陶俑震撼了。汉阳陵博物馆中的人物俑大多高 60 厘米左右，大约有真人身高的三分之一。泥塑的人体原型经过烧制成为陶器，外面涂彩后呈现橙红色，颜色类似真人皮肤，头发、须眉、瞳仁均为黑色。它们被装上可以活动的木质手臂，穿上特制的衣服——复原后的服饰宽衣博带、色彩丰富。大多数陶俑面带微笑，也有的略带愁容，总体上面目线条柔和，表情平静、单纯，朴实中带着点笨拙。除了日常生活中的人物俑，汉阳陵博物馆中还有排列整齐的骑兵俑，整体造型简洁，人物的面部只有鼻子突出了立体感，粗略而有稚趣。骑兵俑彩绘浓艳，形体动作整体划一，带着威严与豪迈。放眼望去，整个展厅都在讲述着平和、富足、安定、繁荣。

此前，我去过兵马俑，感受到的是另外一种震撼。兵马俑高大雄壮，普遍高 180 厘米，排列起来如同秦兵列阵，“扫六合”的气势扑面而来。兵马俑表情多样，整体看来是憨厚、严峻的。彩绘的衣饰历尽沧桑，其颜色已经变得相对单一。他们成百上千地排列在坑道里，展现出刚强的气魄和强健的精神，让人仿佛能听到战场上的呼喊声。

汉阳陵博物馆的陶俑让我印象中的陶俑形象丰富起来，让我看到了艺术创造跟社会发展状况的真切关联；让西汉风貌在我心中鲜活起来，让我为“文景之治”找到了生动的注脚。经历了秦朝的短暂统一和秦末的动乱，汉文帝和汉景帝轻徭薄赋、与民休息，成就了安定的社会环境。汉阳陵博物馆中陶俑平静、单纯的表情，正是那个时代人民生活状态的反映。如何理解“盛世”“治世”？参观一下汉阳陵博物馆，就不难体会了。

## 打开经验世界，发展孩子理解力

人需要与外界互动，在互动的过程中逐步了解世界的意义，了解自己在世界中的位置，最终找到自己的目标，坚定地奔赴远方。在孩子的眼中，世界是具体的。他们在与世界直接接触的过程中观察各种现象，进而建立现象与自身所处情境的联系，建立现象与现象的联系，并在上述过程中形成感性经验。感性经验是认知的开端，有待提炼、概括、深化为理性的认识、抽象的知识。在不断打开的经验世界中发展抽象能力，是孩子成长的重要路径。

打开经验世界是一个不断扩张的过程。这种扩张在两个向度上展开，一是经验中的事物，二是经验的过程。孩子在不同的场域认识植物、动物、天气等，积累相关领域的经验；在不同的场合经历谈话、讲述、讨论、说明，积累语言运用的经验；在吃饭、穿衣的过程中获得保持整洁的经验；在游戏的过程中获得商量、分享的经验；在参加家庭活动的过程中获得运用基本礼仪的经验；在郊游的过程中获得使用地图的经验；在形成报告的过程中获得上网查找资料的经验……

家长根据家庭的实际情况，能够判断出孩子在日常的家庭生活中可以获得的经验："大家庭"中的孩子，很容易弄清楚亲属的称谓与关系；家人普遍热爱运动的孩子，能更早、更多地接触各种不同的体育项目。在此基础上，家长还可以根据孩子发展的实际需求，不断扩大孩子获取经验的途径，帮助孩子打开经验世界。比如制订一个年度博物馆参观计划，参观自然博物馆、军事博物馆、航空博物馆、火车博物馆、电影博物馆等，帮助孩子尽量多地接触不同专业领域并关注专业名词；制订一个年度郊游计划，通过游览高山、溶洞、湖泊、草原等，和孩子一起领略不同的地貌风光；制订一个年度运动方案，通过体验小轮车、马拉松、跑酷、射击等，让孩子见识不同的运动方式与竞技规则。

在不同的场域、不同的活动中，孩子可能会在直接经验和间接经验之间建立联系——比如在高山之巅想起地形图，在某件文物展品面前想起历史故事，在看到某种植物时想起一句古诗。如果家长有能力在孩子身处直接经验的过程中，用孩子能接受的方式为他补充间接经验，自然会取得更好的效果。

打开经验世界除了丰富孩子的认识，还有另外一个作用——帮助孩子找到自己。孩子看完小轮车选手的精彩表演，自己再尝试骑行小轮车，大致会有两种感受：一种是惊讶地发现自己具备潜力，可以拥有一项新技能；一种是认识到自己并非无所不能，要努力学习才能参与这项运动。无论哪种感受，对孩子都有很大的帮助。经验世界能够帮助孩子在他人的言行中反观自己，在他人的眼中看到自己，进而对自己产生更为清醒和准确的判断。

孩子的理解力与他的原有经验密切相关。一个看过、骑过小轮车的孩子，通常比没有这一经验的孩子更能理解一篇描述小轮车运动的文章。不断打开的经验世界是孩子理解力发展的地图，指引着孩子向正确的方向一步步探究。

## 开启窗外之旅，促进孩子认知升级

学习目标是影响学习效果的最主要因素之一。只有带着明确的目标开启窗外之旅，我们才能更好地集中注意力，爆发出更大的能量。

澳大利亚心理学家约翰 · B. 彼格斯和凯文 · F . 科利斯根据可观察的学习结果，把人的认知水平分成了五个层级[①]。我将其总结为下表。

| 序号 | 认知水平层级 | 解决问题的行为表现 |
|---|---|---|
| 1 | 前结构 | 完全不理解文本及问题，答非所问 |
| 2 | 单点结构 | 从一个方面解决问题，在单一角度呈现答案 |
| 3 | 多点结构 | 找到两个以上方面的信息，不过并未建立信息间的关联 |
| 4 | 关联结构 | 找到两个以上方面的信息，并能建立、表述信息间的关联 |
| 5 | 抽象拓展结构 | 能够联系背景做出解释，或者将解决问题的方法用于解决其他问题 |

① 约翰 · B. 彼格斯，凯文 · F . 科利斯 . 学习质量评价：SOLO 分类理论（可观察的学习成果结构）[M]. 高凌飚，张洪岩，译. 北京：人民教育出版社，2010.

家长根据孩子的学习成果，如发言、短文写作、思维导图等，比较容易判断孩子的认知水平发展情况，而学习目标应该被定位于高一层级的认知水平。如此，目标才能起到有序提高孩子认知水平的作用。

3 Minutes 分钟 | 工作坊

## 判断孩子的认知水平层级

问题：请根据你对孙悟空形象的理解，写一段话说明孙悟空的形象特点。

以下分别是四个孩子的回答。

“孙悟空敢于挑战规则。他修改了生死簿，做了齐天大圣，要求玉皇大帝让出宝座。”

“孙悟空兼具猴性、人性和神性。他的言行举止都带有猴的特点，心理活动又符合人的特点，他还神通广大，能够做到普通人做不到的事情。”

“孙悟空的主要特点是勇敢好斗、桀骜不驯、重视承诺。他脾气火暴，一言不合就开战，而且跟谁都敢开战，不管不顾的。他没有什么规则意识，在五行山下被压了五百年，依然没有归顺，依然桀骜不驯，任性而为。如果他不重视承诺，那么在多次跟唐僧的冲突中，他都有可能彻底撂挑子，可他能坚持保护唐僧取经，除了因为他对取经这件事有所领悟，还因为他拥有重视承诺的品格。”

“孙悟空有叛逆精神，爱憎分明，而且有超凡的智慧。他叛逆是为了顺应自己的本性，凡是不符合他本性的，他都要反抗。他爱憎分明，主要表现为除妖降魔、济困扶危，面对妖精一定要打到底，面对受苦的百姓一定要帮到底。他有超凡的智慧，表现在他能灵活地解决各种各样的难题。说到底，追求精神上的自由和接受社会规则的约束，这二者的冲突与平衡是孙悟空成长的主要原因。”

**请选择其中一个孩子的答案，判断他的认知水平处于哪个层级，并试着说明理由：**______________________________

________________________________________

________________________________________

利用认知水平分级理论，为处于不同层级的孩子树立不同的目标定位，设计出不同的活动，能够增加家庭活动的科学性。以植物园参观活动为例，针对五个不同的层级目标，可以设计出如下活动（见表 2-1）。

表 2-1　植物园参观活动设计示例

| 序号 | 为孩子设计的活动 | 活动所属的认知层级 |
| --- | --- | --- |
| 1 | 抄录 30 个植物名称，准确识认植物名称 | 单点结构 |
| 2 | 把 30 个植物名称按照偏旁部首分类，将木字旁、草字头、禾木旁、竹字头、绞丝旁的字分别归为一类 | 多点结构 |
| 3 | 统计 30 个植物名称中各偏旁部首出现的频次，制作一张图表 | 多点结构 |
| 4 | 选择其中一个偏旁，再次抄录植物名称，看看名称中拥有同类偏旁的植物有什么共同特点 | 关联结构 |
| 5 | 有些植物名称中，没有出现大多数植物名称使用的偏旁，检索它们名称的由来 | 抽象拓展结构 |

活动 1 处于单点结构层级，要求抄录植物名称并识认，利用一个信息点就能解决问题。

活动 2、活动 3 处于多点结构层级，根据偏旁部首给多种植物名称归类，统计偏旁部首出现的频次，这都需要利用多个信息点解决问题。

活动 4 处于关联结构层级，孩子在这个阶段能够认识到植物名称的偏旁部首跟植物的特点相关，如木字旁的大多是木本植物，草字头的大多是草本植物。

活动 5 处于抽象拓展结构层级，孩子要从众多植物名称中发现不能归类的植物名称，这需要查找、阅读相关资料才能解决问题。例如“万年青”，资料显示其别名为开喉剑、九节莲、冬不凋、铁扁担，这是从比喻的角度来命名的。又如“玫瑰”，孩子通过查阅资料，能够了解我国古代对这两个字的解释，发现“玫”和“瑰”分别表示美好的玉石，组合在一起用作花名。

面对窗外广阔的世界，家长能够设计的学习方式大致可以分为三类：一类是讲给孩子听，基于孩子能够看见的事物，描述背景、解释原理；另一类是启发孩子讲述自己的感受，帮助孩子联结他们的感受，形成新的认识；还有一类是设计动手活动，帮助孩子在实践的过程中体验、建构。比如带孩子去海洋馆参观，第一类学习方式是一边看，一边为孩子解释各种海洋生物的外形、习性；第二类学习方式是一边看，一边询问孩子的感受，用相关知识解释孩子产生感受的原因；第三类学习方式是在能够触摸海洋生物的场馆，让孩子触摸海洋生物的皮肤，建构“平滑”“黏滑”“鳞片”等概念。再比如带孩子去印刷博物馆参观，第一类学习方式是给孩子解释雕版印刷、活字印刷的差别，向孩子解说印刷术发展的历程；第二类学习方式是跟孩子一起讨论印刷技术对社会发展的推动作用；第三类学习方式是跟孩子一起刻字模，体验印刷的基本原理。

不管哪一类学习方式，都可以区分出不同的认知水平层级。先确定孩子当前认知水平所处的层级，然后设置略高于现有层级的目标定位，让孩子带着恰当的目标开始学习之旅，能够让窗外世界的资源形成合力，促进孩子认知水平的升级。

比如，让孩子描述雕版印刷和活字印刷的差别：孩子能说出一个差别，说明他的认知水平属于单点结构层级；孩子能说出两个以上差别，说明他的认知水平属于多点结构层级；孩子不光能说出两个以上的差别，还能概括出“活字印刷比雕版印刷更灵活”，说明他的认知水平处于关联结构层级；孩子能从技术进步的角度，看到活字印刷增加了印刷容量、提高了印刷速度，这就说明孩子的认知水平达到了抽象拓展结构层级。

3 Minutes 分钟 | 工作坊

## 为孩子设计参观活动

最近你打算带孩子到哪里参观？你希望利用那里的哪些资源，达成什么目标？根据孩子现有的认知水平，设计一个亲子活动。

“我打算带孩子去动物园，让孩子了解动物的基本分类以及不同动物的习性。我会让孩子记录每种动物所属的门类，在动物园的地图上标出同类动物分布的地点，让她体会动物分类的科学性。我还会请她留意同类动物在习性上的相似和不同之处，从中发现一些规律。”

“我是军人，我会带孩子参观军事博物馆。主要是让孩子通过不同战争时期的文物、照片，了解武器的进步和中华人民共和国建立的艰辛。我会给孩子补充阅读《孙子兵法》中的一些片段，让他体会战争与和平的辩证关系。”

“暑假我打算带孩子去爬泰山。之前我们带他爬过嵩山和黄山，这次爬完泰山，主要让他说说这几座山的区别，说说攀爬时有哪些不同的感受，再结合地理知识，给他讲讲这几座山为什么会有这些区别。泰山在古代政治上还有特殊的意义，这一点也要让孩子了解。还有，一定要在爬到山顶时，让孩子背一背杜甫的《望岳》，跟眼前看到的风景比较一下，加深体会。”

**请从以上活动中，选出你认为最为合理的设计，并说明原因：** ______

______________________________________________

______________________________________________

______________________________________________

有学者分析了家长在博物馆跟孩子的对话（见表 2-2）。

这个分析结果中认知维度的四个类型，在认知水平上与认知水平分级理论有清晰的对应关系，能够帮助家长从语言运用的角度把握与孩子对话的层级水平。

表 2-2　对话分析框架①

| 维度 | 类型 | 对话内容 | 举例 |
| --- | --- | --- | --- |
| 认知 | 事实型 | 对话内容主要聚焦于谈论事物外部特征，比如形状、颜色、数量等，或是否、对错等不需要进行特别思考的事实 | 家长：你看看有几个翅膀？<br>儿童：四个。 |
| | 联系型 | 在对话过程中说出与课堂内容有关联的其他事物，包括展区展品、个人已有知识、经验等 | 儿童：鱼身上也有这样的鳞片。<br>家长：还有穿山甲。 |
| | 分析型 | 对话内容涉及一定程度的判断和推理，以及对一些因果关系的询问和解释 | 家长：蝴蝶的翅膀为什么不会湿？<br>儿童：有可能它翅膀上有鳞片一样的东西。 |
| | 评价型 | 对话内容涉及对活动内容的评价，以及家长或儿童对自己或对方的表现的评价 | 家长：弟弟你说对了，这真的是蛾子，但不知道是什么蛾子。 |
| 行为 | 操作型 | 对话内容涉及如何操作的语言描述或指导 | 家长：你可以用两张纸把木棍夹起来，是不是？ |
| | 管理型 | 对话内容涉及儿童或家长对另一方的行为表现进行管理，主要是家长对儿童的管理 | 家长：快点下去，坐好坐好！ |
| 情感 | 积极情感 | 表达积极的体验，比如在课堂中进行的与喜爱、开心、愉快等心情相关的言语描述 | 儿童：我觉得它（枯叶蝶）好漂亮！ |
| | 消极情感 | 表达消极的体验，比如在活动中进行的与不喜欢、难过、悲伤等情绪相关的言语描述 | 儿童：我觉得这只蝴蝶好可怜，被抓起来了。 |

① 邓卓，舒琛，杨梦霞，于雪梅，唐智婷，刘楠．自然博物馆亲子教育活动中的对话内容研究［J］．自然科学博物馆研究，2021，6（5）：39.

## 借助生活经验，联结窗外世界与课内学习

王蒙老师写过一篇文章，部分内容能说明“窗外”和“课内”的关系。

> 我多次想，读书最大的乐趣是什么呢？就是在书中发现了生活，发现了自己过去不理解的生活。那生活中最快乐的又是什么呢？是在生活中发现了书，某一个处境、某处风景、某一种感受，你觉得这完全应该上书，或者觉得真跟书里面所体会到的，阅读时的感觉完全一样，这是最快乐的事情。书与生活，可以互证，可以互补，可以互见。小学二年级时，我读了这一辈子第一本书《小学生模范作文选》，第一篇文章叫《秋夜》，第一句话我到现在还记得，“皎洁的月儿升起在天空”，我非常兴奋，什么原因呢？那时候我快满 7 岁了，已经知道什么是月亮了，而且我对月亮和太阳也有一个比较，太阳很亮、很刺眼，晒在身上很热，月亮我觉得也亮，但跟太阳的亮又不一样，什么地方不一样呢？我不知道。我一看书，这叫“皎洁”，我太兴奋了，老天啊，这是皎洁啊！从此我只要看见月亮就想到“皎洁”，我乐得不得了，我认为自己发现了世界，世界不再陌生，我给它命名了，命名什么呢？“皎洁”。①

① 王蒙．有些人知道挺多，但没脑子［J］．记者观察，2021（31）：34-35.

在学习过程中，我们与自己经历的世界相遇，学习的内容让我们对生活有了更准确的理解和表达。窗外、课内的互动带来了强烈的获得感，这种获得感可以转化为我们的学习动机，并让积极互动演化为良性循环。

3分钟 Minutes | 工作坊

## 找到准确表达

有一年元旦，我开车陪老母亲看城市夜景。双向八车道的大街，两旁是一家挨着一家的大宾馆、大饭店，每一家都设计了节日用灯的造型，灯光的颜色和形状不断变化。老母亲一直想找个词语描述她看到的情形，先后用了“熙熙攘攘”“车水马龙”“五彩缤纷”，却觉得都不够贴切。我问她：“您是不是想说‘流光溢彩’？”老人家连忙应声。生活中常有这样的情形，因此当作家写出“人人心中有，个个笔下无”的文字时，我们才会觉得“于我心有戚戚焉”，产生一种“被表达”的愉悦。

你生活中是否也有类似的经历？请和大家分享一下。

“有一次和当中学语文老师的朋友聊起作家林奕含时，她评价说：‘林奕含真的敏。’这个‘敏’字让我惊叹了好久。不是聪明、不是智慧，而是单单一个‘敏’字，恰恰说出了我对林奕含的感受。”

“我是东北人，有时读东北作家的小说，会有这种感觉。有一次读郑执的《仙症》，小说的主人公是个饱经沧桑的东北下岗职工，精神已经不太正常，他一边修电视天线，一边说：人一辈子就是顺杆儿往上爬，爬到顶那天，你就是人尖儿了。这句话里有一种东北人特有的生存智慧，我觉得我在祖辈、父辈的身上，都看到过这种面对苦难时的人生哲学。”

“有一次，朋友送了我一对耳环，上面的宝石有一种很特别的紫色，还散发出一种幽深的光芒。上七年级的女儿看见了，说：‘妈妈，这对耳环的颜色好诡魅。’我当时又惊又喜：在她说出这个词之前，我甚至不知道有这么个词，但她说出来之后，我又觉得她形容得特别贴切！”

…………

**请在这里写下你的答案：**____________________

想由“被表达者”变身为“表达者”，甚至能够“为他人代言”，语言经验的积累至关重要。

语文课程是一门学习运用国家通用语言文字的综合性、实践性课程。语文课程的基本特点是工具性与人文性的统一。语文课程应引导学生热爱国家通用的语言文字，在真实的语言运用情境中，通过积极的语言实践，积累语言经验，体会语言文字的特点和运用规律，培养语言文字运用能力；同时，发展思维能力，提升思维品质，形成自觉的审美意识，培养高雅的审美情趣，积淀丰厚的文化底蕴。

与此同时，语言文字又是人类社会最重要的交际工具和信息载体，是人类文化的重要组成部分。语言文字的运用存在于人类社会的各个领域，包括我们生活、工作和学习中的听说读写活动以及各种文学活动。

窗外的世界能让我们产生很多表达的需求：获得某种感受时，渴望通过词语的细微差别表达感受的细微差别，近义词的使用能够解决这个问题；看到典雅的场景，希望用典雅度比较高的词语描述所见所感，成语的使用能够解决这个问题；看到一个富有诗意的情景，古诗词可以成为表达的载体。

窗外和课内的互动体现在两个层面：一是“无用之用”，借助窗外的世界，孩子的认知力、感受力会有所发展，孩子阅读与鉴赏、梳理与探究、表达与交流的能力自然也会有所增强；二是“有用之用”，借助窗外的世界，孩子可以解决具体的语文学习的问题。家长不需要了解语文教学的具体内容，只需要在孩子“用不上”或“用不好”窗外的世界时，帮助孩子用上、用好。家长利用和孩子共同经历的场景、事件，同时运用自己更高的语言存储与转化能力，能帮助孩子实现语言素材的积累和语言品质的飞跃。

从语文教学的角度来讲，近义词的作用包括避免行文中的重复；利用同中之异，使之互为补充，表达周密；利用同义联合，形成对偶、排比的结构样式；利用同义联合，使语句的音节匀整平稳；突出强调，加强语义。小学四年级的教材中先后出现的表示“绿色”的词语有墨绿、浅绿、淡绿、嫩绿、翠绿、粉绿。如果能联系窗外的世界组成短语，孩子很容易就能区分这些不同的绿色，从而让自己的语言表达更细致。

课后练习中的这组词语“人声鼎沸、锣鼓喧天、震耳欲聋、响彻云霄、低声细语、窃窃私语、鸦雀无声、悄无声息”，是不是也可以用我们共同经历过的窗外的世界来解释？孩子在具体的场景和精确的语言之间建立联系，就是在经验和知识之间建立联系，从而逐步实现经验和知识的多轮次互动。看到“响彻云霄”这个词，他可能会想起在广场上听秦腔的经历，将来在听大合唱的时候，他也能用“响彻云霄”来形容。经验和知识的互动，能让孩子用抽象的知识或精练的语言表述他的经验，也能让孩子用缤纷多姿的窗外的世界印证他学到的知识和他积累的语言。

窗外的世界，需要经历，也需要记录。每次外出归来，家长可以跟孩子一起整理照片，选择能够建立关联的照片，每张照片用一句话描述，将这些描述的语言连缀起来，做一点儿节奏和韵律的处理，一首诗就诞生了。

我国的周朝设有专门采集诗歌的官职，在所有和文化有关的官职中，采诗官是最古老也是最有文化品位的。采诗官巡游各地，采集民间歌谣，将采集的素材交给乐官，乐官再对这些文字进行音乐化的处理——《诗经》中的大部分诗歌都是用这种方式创作而成的。

外出归来后，对素材进行整理、连缀和润饰，这就是一次完整的诗歌创作经历。家庭采风创作的过程，是家庭成员共同搜集、整理生活素材，进而组织这些素材进行文学创作的过程。这个过程需要联想、想象，需要提炼、概括，需要分类、整合，这既能够锤炼孩子的思维，也能直接影响孩子的写作。经历了这样的过程，孩子自然能围绕作文题目，撷取生活场景，生发感受与思考，进而将其转化为精彩的语言。

3 Minutes 分钟 | 工作坊

## 为作文选择素材

在生活中或影视作品中，有哪一个微笑让你印象深刻？请你描述一下这个微笑。

“刘翔夺冠后的微笑。”

“乔冠华在联合国大会上的自信笑容。”

“给妈妈洗脚的小男孩纯真的笑脸。”

“女儿两个月大时第一次对我露出的笑容，让我的心都融化了。”

…………

如果以“微笑”作为主题，你认为哪些素材可以组合在一起，写成一篇作文？你可以整理一张思维导图，在思维导图的中心写明将这些材料组织在一起的理由。

思维导图展示：微笑是一句“万能语”思维导图

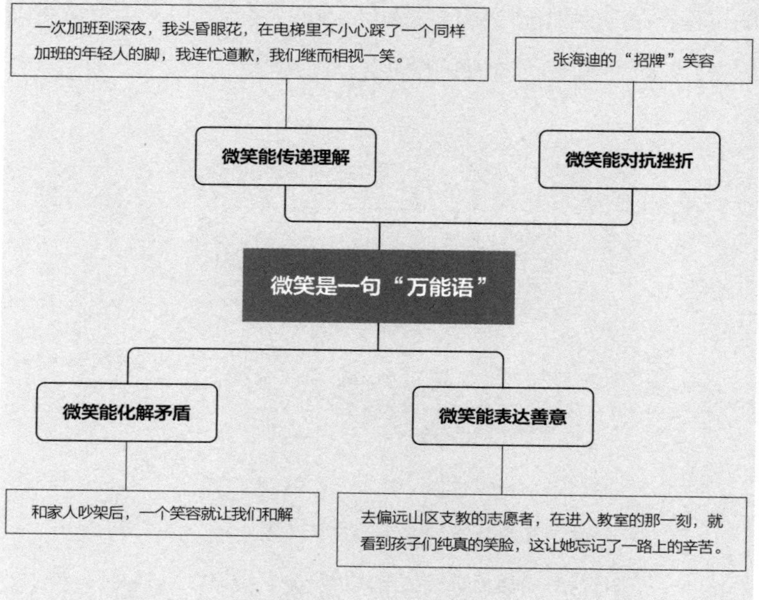

微笑的瞬间大多发生在窗外的世界中，把微笑的瞬间组织起来，会让我们对微笑形成新的认识和思考。画思维导图的过程就是选材、组材的过程，选材的理由就是文章的主题。通过亲自体验这样的选材过程，你应该能够发现：如果孩子有丰富的生活经验储备，那么他就能在写作时更加得心应手。假如我们平时多留心我们和孩子的共同经历，就可以帮助他们更加自觉、更有质量地将生活经验转化为写作素材。

窗外的世界是可见的，只要我们有合理的目标、恰当的行动，可见的世界也能被转化为可见的学习。与其为孩子购买练习册，让孩子埋头苦练，不如为孩子打开一扇通往外界的窗，让孩子获得质量更高的学习体验。

3 Minutes 分钟 | 工作坊

## 本章学习要点回顾

在学习这一章的过程中，你刷新了哪些认识？

“原来‘玩’与学习并不冲突。带孩子有目标地‘玩’，孩子可能会收获更多。”

“原来孩子的认知水平可以通过训练不断升级。”

“带孩子进行活动的时候，不要一味地给孩子讲，还要听孩子说，让孩子体验。”

“每次出去玩，回来都要和孩子一起整理照片，这些都会成为很好的写作素材。”

…………

**请在这里写下你的答案：**________________________________

________________________________________________

________________________________________________

________________________________________________

“玩”与学习并不矛盾，只要在“玩”的同时，有明确的目标、恰当的活动，孩子就能受益。打开窗，不仅要让孩子看、听、说，还要让孩子调动各种感官，全身心地体验，这样才能最大程度地让孩子有所收获。

你最想践行这一章提到的哪种教育方法？

“提前确定目标、设计活动，带孩子出去参观。”

“让孩子在具体的生活场景中区分近义词。”

“整理之前旅行时拍的照片，和孩子一起做一回‘采诗官’。”

…………

**请在这里写下你的答案：**______________________________

______________________________________________

______________________________________________

______________________________________________

## 本章要点

“读万卷书，行万里路。”古人早就道出了窗外的世界对学子的重要意义。

今天的孩子是幸运的，时代的进步和科技的发展让他们有更多机会、以更多种形式见识外面的世界。而我们家长要做的，就是用我们的人生经验，引领孩子去看、去听、去感受，将窗外的世界和脑中的知识联系在一起，促进孩子认知的升级和思维的发展。

打开经验世界也是孩子积累语言素材、发展语言品质的重要途径。一个见多识广的孩子，我们还会担心他写作文时“无话可说”吗?

为孩子打开那扇通往外界的窗，将余下的任务，交给这个广阔的世界吧!

## 语文学习家庭支持清单

请在你做到的事项前打“√”，并为自己打分。

- ■ 为孩子制订年度博物馆参观计划 ★★★★★
- ■ 为孩子制订年度郊游计划 ★★★★★
- ■ 为孩子制订年度运动计划 ★★★★★
- ■ 观察孩子平时的思维表现，判断孩子的认知水平层级 ★★★★★
- ■ 设计一组合适的活动方案，在参观时带着孩子完成 ★★★★★
- ■ 结合生活场景，启发孩子区分近义词 ★★★★★
- ■ 跟孩子一起整理照片，用它们创作一首诗 ★★★★★

# 第三章
# 跟孩子一起寻找“人生之书”

☆☆☆

作为家长，我们有责任帮助孩子找到他的“人生之书”。

☆☆☆

小时候我就喜欢动画电影《大闹天宫》，电影院每次重映我都去看，后来家里有了电视机，赶上它在播出时我还会看。我从三年级开始读《西游记》，发现里面有太多“大闹天宫”，一发不可收，几乎每个假期都要翻检一遍，每次翻检都能找到新宝贝。孩子三岁的时候，我给他读《西游记》作为睡前陪伴。每天晚上，我都读得筋疲力尽，他却听得双目炯炯。历经三个多月的时间，我们终于完成了这项大工程，孩子无比真诚地看着我：“再给我读一遍，您就是世界上最好的妈妈！”转眼又是二十年，悟空依然经常出现在我们的生活中，遇到不好解决的问题时，总有个“悟空典故”帮我们完成心理重建。

我还喜欢《海鸥乔纳森》，每次都买五本，遇到自己喜欢的小朋友就送一本，期待大家一起享受乔纳森的飞翔，保有冲刺的状态。我的孩子也常把自己喜欢的书当成礼物，送来送去，总是那几本。

遇到这些书，在它们的陪伴下走过四季、走出未知，时时处处可以对话交流，心情起伏时与之共情，遇到问题时从中找到合理的解释，甚至找到解决的办法，那种稳定的幸福感提高了生活的舒适度。如果，我们知道孩子有这样一本“人生之书”，知道这本书能引导他们稳健地从白浪滔天到波澜不惊，生活的舒适度是否又会提高一档？

## 试着为“人生之书”下个定义

3 Minutes 分钟 | 工作坊

### 想想对你最有帮助的一本书

不同的书会在不同的时期，给我们不同的帮助。请想一想：从你识字以来到现在，对你最有帮助的那本书是什么？

“《安徒生童话》。”

“《巴黎圣母院》。”

“《穆斯林的葬礼》。”

“《百万富翁快车道》。”

“《小鼹鼠的土豆》。”

“《田鼠阿佛》。”

…………

**请在这里写下你的答案：**______________________________

回忆一下，对你最有帮助的一本书是什么，你从中获得了什么？

是《安徒生童话》？ 166 个故事为幼年的你营造了缤纷的童话世界，长大之后，你透过神奇瑰丽的想象看到现实生活，看到亘古不变的真实人性。从小到大，安徒生童话向你呈现着不同的面貌，不断提醒你要思考、辨别。

是《巴黎圣母院》？你从中看到丰富的社会图景以及社会生活的复杂性，感受到爱、美和勇气，认识到文学作品震撼人心的力量，渴望阅读更多的文学经典。

是《穆斯林的葬礼》？梁家三代人在不同历史时期的命运变迁，让你看到了蓬勃不息的生命力，感受到了传统文化与现代文化、人性之美与价值之美。文学经典建构的丰富精神世界，让我们从不同的角度发现美，获得思想的引领。

是不是《百万富翁快车道》？这本描述财富路径和风险的

书，旨在引领读者踏上财富自由之路，却让你开始思考自己真正的追求，明确了未来的方向。

是不是《小鼹鼠的土豆》？在你遭遇挫折的时候，小鼹鼠给了你面对拒绝、面对失去的良好心态：要面对的情境千变万化，良好的心境能让人以不变应万变。

是不是《田鼠阿佛》？在你不知道是否要坚持自己的理想时，阿佛和他的家人告诉你“诗歌和粮食一样重要”。

一本书居然有这样巨大的力量，让我们敢于正视自己的人生观，让我们有了永久的希望和坚持的意志。

除了告诉我们未来该“往哪里走”的书，还有告诉我们现在该“怎么办”的书。比如《卡片笔记写作法》，书中那些便于操作的方法让我们产生了信任感，行动起来，收集灵感、整理材料，我们终会养成学习和思考的习惯。又比如《蛤蟆先生去看心理医生》，让你仿佛置身于心理咨询的现场，重新审视自己的内心，见证自己的积极改变。

3 Minutes 分钟 | 工作坊

## 概括一本书对你的帮助

“对你最有帮助的一本书是什么”，对“最有帮助”

的理解包括印象最深刻、最有影响、最受触动等。如果用一个词概括这本书对你的帮助，你会用哪个词？

“人生观。”

“方法。”

“精神。”

“希望。”

…………

**请在这里写下你的答案：**______________________________

使用“关键词语连缀法”把以上大家提出的词语连在一起，可以试着为“人生之书”下个定义：那些能让我们树立正确的人生观，给我们提供可操作的方法，能丰富我们的精神世界，为我们带来永久希望和坚守力量的书，就是“人生之书”。它们能在我们身处困境时，给我们带来思考、提供安慰，引导我们走出困境，让我们更加从容地面对人生。

## 看懂孩子真正需要的、喜欢的

《窗边的小豆豆·暑假开始了》一文记述了小林校长组织孩

子们露营的经历[①]，露营的地点不是野外，而是学校的礼堂。孩子们在礼堂“安营扎寨”，换好了睡衣，听校长讲国外见闻，还互相说着悄悄话。

校长之所以安排“室内的露营”，是因为他知道孩子们真正需要、真正喜欢的是什么：露营是孩子们跟外界、跟他人建立联系的一种方式，重点在于新的联结方式，而不是单纯的户外生活体验。

3 Minutes 分钟 | 工作坊

### 判断孩子最迫切的需要

当下，你的孩子最迫切需要解决的问题是什么？

“对学习没兴趣。”

“学习缺乏主动性。”

“上网课没办法集中精神。”

…………

**请在这里写下你的答案：** ______________________

① 黑柳彻子．窗边的小豆豆［M］．赵玉皎，译．海口：南海出版公司，2018：72-74.

请大家回忆一下：你最近为孩子买的一本书是什么？

“《小学教材全解》。”

“《53天天练》。”

“《剑桥新思维英语青少版》。”

…………

**请在这里写下你的答案：**______________________________

如果孩子的困惑是“缺乏学习兴趣”“自主学习动力不足”“上网课无法集中精神”，家长就要用较长历程的实践体验，提高孩子的意志品质，帮他们明确学习的目的，建构线上线下学习的策略。练习册并不能解决“学习兴趣”“学习动力”的问题——做练习的目的是发现问题，发现的问题越多，孩子越不容易建立信心、提升兴趣，结果南辕北辙。

什么样的书能帮助孩子在学习过程中增加获得感、增强成就感，让他们逐步产生自主学习的愿望、树立自主学习的信心呢？家长要在充分了解孩子认知特点和认知水平的基础上，选择最能唤醒他发展意愿的内容。有数学特长的孩子，可以从《数学花园漫游记》中获得兴奋感；喜欢艺术的孩子，可以在“设计大师穆纳里1945系列”中获得动力；关注历史的孩子，可以在《写给儿童的中国历史》中探索规律。

学习是触类旁通的过程，基于兴趣的系统阅读有助于孩子获取、联结信息，并养成结构化的思维方式。在这个基础上再让孩子去关注学科学习，通常会事半功倍。

3分钟|工作坊

## 给家长的购书建议

假如你的朋友要给孩子买书，你会给他什么样的建议？如果他计划购买《小学教材全解》，你会对他说什么？

“我会说：‘你先等一等。你给孩子选几本他可能会喜欢的书，再让他从里面挑。’”

“我会说：‘你觉得孩子现在最需要解决的问题是什么？你确定他需要教材解读吗？’”

“我可能说：‘是不是要先征求孩子的意见啊？’”

…………

**请在这里写下你的答案：** ____________________

# 为孩子准备专用书架

家庭中的语文学习，需要有物质和环境的支持。其中最重要的就是阅读资源的支持。一次现场调查显示，80% 的家长都在家里为孩子准备了专用书架。怎样让书架上的书呈现合理的内容结构？怎样帮孩子找到“人生之书”呢？家长不仅需要真正了解孩子喜欢什么，了解孩子当下最迫切的需求，还需要引领孩子未来的发展。

在《爱的教育》中，意大利作家亚米契斯描述了“斯带地的图书室”。

斯带地不是富人，虽不能多买书，但他能保存书籍，无论是学校的教科书，还是亲戚送他的，都好好地保存着。只要手里得到钱，都用以买书。他已收集了不少书，摆在华丽的栗木的书架里，外面用绿色的幕布遮着，据说这是父亲给他的。只要将那细线一拉，那绿色的幕布就牵拢在一方，露出三格书来。各种的书，排得很整齐，书脊上闪烁着金字的光。其中有故事、有旅行记、有诗集，还有书本。颇

> 色配合得极好，远处望去很是美丽……他自己做了一个书目，俨然是图书馆馆长……他得了新书，洗拭干净，插入书架里，不时又拿出来看，把书当作宝贝珍玩，这是他最大的快乐。[①]

《爱的教育》写于19世纪80年代，彼时的意大利平民家庭为孩子准备的“图书室”已经有了干净、整洁、内容丰富的特点。时至今日，我们为孩子设置专用书架时，应该准备哪些书呢？

首先是准备孩子现阶段需要的书。孩子遇到了校园人际交往的问题，经过咨询和检索，我们可以购买《一百条裙子》，帮孩子体会不同处境下的不同心理，理解“对话的前提是彼此了解”。孩子正处于容貌焦虑或者性格焦虑中，可以准备《大象的耳朵》，引导孩子认识到“我只是和别人不太一样，没必要为了‘像别人’而改变自己”。选择这类书的要点在于，充分了解孩子的状态，确定关键问题，有针对性地寻找相关领域的权威人士，获得推荐书目，让阅读直击“痛点”，帮助孩子在对比参照中找到情绪的出口。

其次是根据孩子的兴趣特点规划“主题书目”。如何确定孩子的兴趣点呢？家长可以采用“每月主题”或“季度主题”的方式，选择以“成长”为主题的书目，以及科学、艺术、历史、哲学、文学等不同门类的书，以观察、了解孩子的偏好，依托阅读，帮助孩子成为他想成为的人。经过一段时间的“漫游式”阅

---

① 亚米契斯.爱的教育［M］. 夏丏尊，译. 北京：人民教育出版社，2015：58-59.

读，孩子的爱好会逐渐清晰起来，这时家长就可以按照发展阶段顺次准备某些类别的书籍了。为热爱艺术的孩子，家长可以准备《希利尔讲艺术史》《写给大家的西方美术史》《艺术的故事》等，引领孩子从积累常识到形成观念，掌握艺术发展的脉络；为喜欢思辨的孩子，家长可以准备《思考的乐趣：儿童哲学启蒙绘本》《神圣的苏格拉底之死》《笛卡儿先生的小精灵》《卢梭的歌剧》《康德教授的梦幻一日》《马克思的誓言》《海德格尔的墓地之旅》，以及《哲学的世界》《哲学的邀请》等，启发孩子拓展思维的广度与深度。

如果家长对孩子的兴趣方向不太确定，也可以按照认知发展特点选择阅读主题，按照儿童成长的基本规律做阅读规划：聚焦成长中的关键问题，可以分阶段选择兴趣、独立、诚信、尊重、勤奋、善良、勇敢、沟通、感恩、合作等阅读主题；聚焦科学思维的发展，可以分阶段选择动物、植物、海洋、陆地、生活科学、神奇工具、现代科技、未来科技、生态环境、太空探索、生命科学、古代科技等阅读主题；聚焦认知水平提高，可以为九岁的孩子设置“质疑”“反思”的阅读主题，为十岁的孩子设置“判断”和“逻辑论证”的阅读主题；希望孩子了解历史脉络，可以按照时序的发展选择历史读物，让孩子在一段时间内集中关注某一个历史时期，逐渐形成全局性的认识；希望帮孩子感受到他人的存在，可以依次安排“他们住在哪里”“共同的节日，不同的生活”“寻找文明的符号”“非物质文化遗产”“穿越千年的图腾”“登上文化的高地”“历史的回音”等阅读主题，从具象的空间、具体的民俗，到抽象的认识、观念，逐层深入地理解他人的存在方式。

主题分类方法不需要统一，家长要根据孩子的真实情况制订适宜的规划。

最后，还要特别关注经典名著对孩子的长期影响。经典名著中包含了异彩纷呈的时空世界，表达了人类长久的共同愿望和追求，具有精神奠基的作用，能够让我们成为更好的自己。家长要先在经典作品中找到孩子喜欢的类型，等他们的认知能力发展了、阅读习惯养成了，再提示他们阅读那些“不合口味”“不合习惯”的书，让他们阅读那些对他们来说有难度、需要请教师长和朋友的书。关注并引导孩子阅读经典名著的目的是帮助孩子在阅读的过程中体会经典是人类精神的“喜马拉雅”，未必要登顶，但要时常仰望。对大多数孩子来说，阅读经典名著有难度，尽管如此，也一定要阅读“原典”，不要选择改编的版本——“原典”的经典之处体现在很多方面，改编的版本有可能“滥挖滥采”，破坏了“富矿”原有的价值。

☆☆☆

每个孩子的书架上都应该有这三类书：一类是即时性图书，帮孩子解决眼前的问题；一类是规划性图书，涵盖适合孩子这个年龄段的各种主题；还有一类是经典性图书，这些书需要孩子长期浸润其中、慢慢阅读，能够长久发挥作用。在规划每一类书时，家长都要首先考虑孩子成长的需求。

☆☆☆

根据孩子的实际情况确定阅读主题时，家长需要依据权威观点，精准确定主题的内涵。很多时候，家长被“营销噱头”带偏，为孩子购买了很多书，其中却没有孩子真正需要的书。

配置书架时，家长不仅要精心规划书目，还要精心选择版本。一本高质量的纸质书，它的内容呈现、纸张选用、排版设计、封面制作等各个要素，都应具备艺术品的某些特质。为孩子提供高质量的书，本身也是审美教育的一个途径。

人生是未完成的状态，对孩子来说尤其如此。系统的规划能帮助他们拥有良好的成长路径，拥有美好的生活样貌。

☆☆☆

选择即时性图书时，家长一定要注意“精准”。图书在营销和推广的过程中，容易把某个具体的概念放大成令人焦虑的话题，家长给孩子选书时很容易被这些话题带偏。这就需要从权威专家（图书出版专家或教育专家）那里寻求精准的概念，明确我们要解决的到底是什么问题。

选择规划性图书时，除了根据孩子的喜好关注不同学科的图书，家长还要关注文学里的各种“母题”。如孩子在各个年龄段都会接触的“成长”“友谊”“磨炼”等主题，它们本身也是文学的母题，会出现在很多文学作品中。

选择经典性图书时，家长一定要选择“原典”，选择原汁原味、没有经过改写的经典版本。这些经典也应该为父母所熟知。和孩子共读经典时，家长不一定要从文学上指导孩子，但一定要从认知上做指导，用家长的人生经验帮助孩子理解经典中那些触动人心的部分。

☆☆☆

## 用阅读手账确认“人生之书”

孩子是正在成长的人，是一个有自己多方面生活的人，是一个与周围人有着复杂关系的人，有自己的快乐和悲伤、需求和志向。把哪些书请进他们的生活，有助于他们形成阳光的心理和健康的人格呢？

孩子很容易在某个特殊的时刻对某本书中的形象产生特殊的情感，但那个时刻倏忽而逝，那个情景不会在他的生命中经常出现，甚至再也不会重现了。等这个偶然的特殊时刻消失了，书中的形象也会在孩子心中消散，不能成为孩子长久的陪伴者。

我的孩子在高考前的那段时间里的睡前功课就是翻一翻《老人与海》。他说看完觉得“肌肉紧绷，骨头咯咯作响，能听到血液在血管里流动的声音”。但是高考结束后，他再也没翻开这本书。

有些书在孩子成长的某个阶段高于孩子的认知水平，可是过一段时间再看，却已经低于孩子的认知水平了——这就好像孩子使用的桌椅，需要随着身高的变化调整高度和大小。

阅读既需要开疆辟壤，也需要镇守家园。一本真正的“人生之书”，应该能让孩子产生持久的热爱，就像心灵的后花园，无论什么时候抵达，都有鲜花美景，都有美妙的心情。我们不但要找到这一刻热爱的书，还要通过重读的方式去确认：这真是我的“人生之书”吗；我是否经常需要跟书中的形象对话，它们亦师亦友，让我尊敬，让我亲近；这本书能否在不同的时期，从不同的角度给我温暖，给我力量？

除了书架，孩子还需要一本阅读手账，记录他读了哪些书。当手账上积累了十本书的时候，我们可以组织一个家庭活动，一起总结：哪本书是当前阶段对你最重要的书；哪本书有必要重读一遍；如果手账中已有的书都不需要重读，哪些新的书可以入选手账？

无论“再读一本”还是“重读一遍”，“阅读—记录—反思—确认”都是寻找“人生之书”的应有过程。

☆☆☆

· **阅读** 读此刻需要的书，读感兴趣的书，读经典名著。

· **记录** 读过的每一本书，都在手账上记录相关信息。

· **反思** 翻看阅读手账，找出那些需要重读的书。

· **确认** 如果阅读手账上有需要重读的书，把它重读一遍；如果没有，就再读一本新的书。通过这种方式，不断确认哪些书是当之无愧的“人生之书”。

☆☆☆

我们来想象这样几个场景——

孩子读完了一本书，在极富个性的手账本上记录自己的阅读收获，分门别类地写下他获得的语言经验、他不断丰富的情感体验、他逐渐打开的生活视野。

孩子每次翻开手账，从前到后浏览，有时会心动，从书架上找出自己读过的那本书，找到某个想重温的地方，再读一遍，继续在手账上记录重读的欣喜与收获，犹如与老友重见。

家长翻看手账的时候觉得某本书值得组织一场家庭读书会，于是，在家长人生经验和职业素养的引领下，孩子在书中有了新的发现，全家人都在手账上留言。

…………

慢慢地，家里就增加了一项颇具仪式感的活动：在某个时刻，某本书被某位家庭成员提起，大家或围坐或独立地重读了其中的部分文字，惊叹于这本书带来的长久的温暖、感动和力量……这本书里的某段话、某个词语、某个形象、某个场景，成了家人之间特殊的“暗语”，一提起来，家人就会充满敬意或笑容洋溢。孩子渐渐拥有了一个属于自己的“重读目录”，知道有些书他拿起来就能读进去，读进去就能有收获，他在焦虑、苦闷、彷徨无措的时候，总有可以安放心灵的地方。

我从 10 岁开始阅读《西游记》，转眼已经 40 年了。每次重读，我总能发现一些自己以前没有发现的内容。《西游记》就像一位人生导师，安安静静地等着我求安慰、求解释、求办法。我认定，《西游记》就是我的“人生之书”，很高兴我找到了它。也期待更多的父母能与孩子一起，找到属于自己的那本“人生之书”。

3 Minutes 分钟 | 工作坊

## 本章学习要点回顾

在这一章学习的过程中，让你印象最深刻的一个词是什么？

“书架。”

“规划。”

“精准。”

“梳理。”

…………

**请在这里写下你的答案：**______________________

“书架”是一个载体，“规划”是填满书架的方法，“精准”和“梳理”都是规划下面更细的概念。我们要在书架这个载体上做规划，并且要通过精准梳理来做整体的规划。

经过这次学习，你产生了怎样的感觉？请用一个词来概括吧！

“焦虑。”

“愉悦。”

“愧疚。”

“颠覆感。”

…………

**请在这里写下你的答案：**________________

大家的感觉分别属于两种角色：“焦虑”“愧疚”，属于家长的角色；“愉悦”“颠覆感”，属于学习者的角色。当我们以家长或者学习者的身份面临同一个问题时，我们的收获是不一样的。每位家长要首先成为一位独立的学习者，先找到属于自己的“人生之书”，然后才能更好地帮孩子找到他的“人生之书”。

通过本章的学习，你生成了一个什么观点？来分享一下吧！

“我认为我应该重置一下我们家的阅读空间了。”

这个方法很棒。“重置”有重建、重构的意味，说明家长想在这个过程中重新认识这件事，让它有一个全新的面貌。

“我认为书在家庭教育中的作用可能远远超过绝大部分人的预期，家长们应该更重视书这个载体在家庭教育中的作用。”

这里其实有一句潜台词，就是书籍现在在家庭教育中的作用还远没有得到充分的发挥，它应该有更大的能量被释放出来。我想，如果我们为孩子做了系统的规划，精准地找到了合适的书，不断帮孩子梳理他的阅读轨迹，帮孩子实现成长，那么，图书在家庭教育中发挥的作用会更大、更好。

“我会跟我的爱人说说我今天的收获。我们确实没有为孩子规划过他平时的阅读内容，他的阅读非常随性。原来阅读对孩子的人生有这么重要的意义，我必须和我的另一半分享一下，然后我们和孩子一起制订一个阅读计划。”

对一个家庭来说，制订阅读计划的过程本身就很重要。相信它也会成为一家人记忆中的美好瞬间。

**请在这里写下你的答案：**________________________________

________________________________________________

________________________________________________

## 本章要点

“人生之书”不限于一本书。在不同的年龄段，我们会有不同的“人生之书”。

当我们为孩子搭建了属于他自己的成长书架，他会更容易在书架上找到自己这个阶段的“人生之书”。

回想我们自己的“人生之书”，大多是我们在人生的某个阶段偶遇了它。教育不应该是“偶遇”，我们应该通过规划，把更多的偶遇变成必然，让孩子在一个系统的轨道上实现健康、良好的发展。这才是我们所期待的教育的模样。

跟孩子一起阅读、一起寻找，找到那本可以长久陪伴他的书，是我们能送给孩子的最棒的礼物。

## 语文学习家庭支持清单

请在你做到的事项前打“√”，并为自己打分。

- ■ 发现了孩子此刻真实的需要　★★★★★
- ■ 为孩子打造专用书架　★★★★★
- ■ 为孩子准备此刻最需要的书　★★★★★
- ■ 根据孩子的兴趣特点规划“主题书目”　★★★★★
- ■ 向孩子推荐你熟悉的经典名著　★★★★★
- ■ 为孩子准备阅读手账　★★★★★
- ■ 和孩子讨论哪些书需要重读　★★★★★

第二部分

# 场域
# 情境建构

情境具有促进学习的功能，融入情境的孩子通常思维更活跃、学习状态更投入。良好的家庭语言环境是孩子语言能力发展的重要基础，它在家庭、学校、社会构成的整体情境中，发挥着核心作用。针对孩子语言能力发展和心理发育的不同阶段，家庭中还要努力创设教育功能明确的语言运用情境，让孩子在真实的情境中参与丰富多彩的语言实践活动，在积极的心理状态下实现语言能力和思想认识的跃升。建构家庭教育情境的过程也是建设家庭生态系统的过程，它能增强孩子与家长的亲密度，也能在多个子女之间建立良好的同胞关系。

第四章

# 营造良好的家庭语言环境

---

每一个家庭都需要为自己的孩子做语言规划。

——李宇明[1]

---

我经常跟邻居母女在电梯相遇。从顶层下到一楼，需要一点儿时间，小女孩通常会跟妈妈说点什么。

> “妈妈，昨天爱莎跟我说，今天会下雪，我们能在雪里一起玩！”
>
> “胡说什么？别一天到晚净瞎想。”
>
> …………

> “妈妈，电梯门是魔镜吗？能不能看到一万年以后？”
>
> “门就是门，哪来的魔镜？”
>
> …………

---

① 北京语言大学语言资源高精尖创新中心首席科学家，教授，博士生导师。——编者注

“妈妈，我也想有一棵豆子树，跟杰克一样，我也想看看巨人的城堡！”

“你也想像杰克一样被巨人追赶吗？”

“我不想。”

“那不得了。”

…………

几年过去，小女孩上了小学，不在电梯里说话了。又过几年，我在路上遇到她妈妈，妈妈抱怨：“现在叛逆了，根本没法交流，一句话都不愿意跟我说。”

管中窥豹，我大致能够了解小女孩的变化过程：从妈妈不愿意进入她的场域，到她建起了自己的城堡，不愿意让妈妈干扰。一个家庭的语言环境体现着家庭关系，也可以改善家庭关系，更为重要的是，它影响着孩子的语言发展，而语言发展是孩子社会化进程中最为关键的因素。

从这个角度来看，良好的家庭语言环境，等同于良好的家庭教育环境。学术界对家庭语言环境的关注由来已久，并且已经达成共识：它的基本要素包括语言互动的频率和质量、家庭读写活动的水平和家庭语言材料的占有数量。

## 好好说说话：保证亲子对话高频高质

孩子小的时候，我特别忙，为兼顾家庭和事业，有一套自以为高效的时间管理办法。孩子常常追着我说话：我在卫生间洗衣服，对话就在哗哗的水声中进行；我在厨房炒菜，对话就在水油相激的声音和升腾的油烟中进行。大约在他 10 岁那年，孩子认真地跟我说："妈妈，我想跟您坐在书桌边说话，就 5 分钟。"这句话惊醒了我，我立即收拾好自己，冲咖啡、拿饮料，跟孩子一起坐下来，全心全意地讨论了他画的画。此后，"好好说说话"成了我们母子之间重要的家庭活动。有时候，我们会去咖啡厅坐两小时，只为说点儿"不重要的话"。

孩子成年以后，很多朋友羡慕我还能和孩子一起聊天。每每说起，我都要跟大家分享孩子给我的重要提醒，我期待更多的家庭重视亲子之间的对话。

家长和孩子认真对话的频率因人而异。就像做菜，"少许"需要经验的积累，不同的人对"少许"的理解也会有差异。每天一次 10 分钟的对谈，可以输出的文字量是 2000 字，这信息量已经很大了。每周如果有 30 分钟的专心对话，可以输出 6000 字，大致等于一节课的容量。只要愿意，我们总能找到提高互动频率的机会。孩子放学后，我们可以问问"今天有哪些重要而快乐的事情"，提一个类似的限定性要求，请孩子回顾自己的学校生活；可以问问"今天跟谁在一起最愉快"，帮助孩子梳理自己的人际关系；可以问问“今天哪节课最有收获”，增加孩子的学习获得感。饭后，我们可以跟孩子一起列出当天的餐谱，评选出最佳菜品，请孩子说明理由，赞美制作菜品的家庭成员。走在路上，可以随便选取一个人物或事件，跟孩子一起编故事。

母语学习和练习的资源无时不有、无处不在，关键在于我们是否有自觉使用它的意识。

对话的质量，取决于我们的态度、方法和知识水平，不是仅靠全心全意就能提高的。一个人的语言质量高，一般是指他日常使用的词类比较丰富，词汇量比较大，语句较长且语法正确，语言表达规范，具有概括性和形象性，在口语和书面语中均注重使用不同的语体、语气。对话的质量还包括互动性强、信息的传递和接受一致性高等。

语言的质量，首先表现在词汇的数量上。一般来说，家长受教育程度越高，词汇储备越丰富，在对话中输出的词汇量就越大，也就越有助于孩子积累理解性词汇和表达性词汇。理解性词汇是在听、读等接受性的语言活动中能够理解的词汇，表达性词汇是在说、写等语言活动中能够使用的词汇。日常能够触达的词汇越多，孩子通常越有能力描述广阔、细致的生活场景，越有能力呈现深刻、细腻的情感体验，他的理解力也会变得更强。与家长对话时，孩子能够触达的时空范畴越大，孩子的表达需求越能得到满足，孩子的表达力也会变得越强。这也是为什么在多子女家庭中，“大娃”通常语言能力发展得更好：他不仅要跟家长沟通，还要跟弟弟妹妹沟通，有时候还要充当家长和弟弟妹妹之间的对话桥梁，帮助弟弟妹妹理解家长的意思。

秉持终身学习理念的家长，更有能力为孩子营造良好的语言环境，因为他们的话语系统会在学习的过程不断地更新、重构，正所谓“问渠那得清如许，为有源头活水来”。语言的数量也不仅仅指词汇量，还包括我们所能使用的语言类型——普通话及汉语方言、英语、其他外语，多种语言类型并存的家庭，孩子的语言能力更可能得到良好的发展。

3 Minutes 分钟｜工作坊

## 看图写话

请你看看图 4-1，用一段文字描述图中的内容。

图 4-1　看图写话[①]

① 书中照片、图片版权归作者所有。——编者注

“一位女士坐在咖啡馆的窗前，享用她的早餐。她向窗外望去，看到一个女孩骑着自行车，轻快地经过。多么美好、悠闲的早晨！”

“艾琳是一个自由职业者。每天早上，她都会来到离家不远的独立书店，开启一天的工作。今天，她像往常一样，为自己点了一杯冰美式、一块巧克力软曲奇，坐在了靠窗的位子上。她准备边吃早餐边构思她的下一部小说。窗外是一条安静的小街，偶尔有人骑着自行车经过这里。‘我可以让我的主人公在这样一条街上骑着车出场。’艾琳心想。”

…………

**请在这里写下你的答案：**____________________________

________________________________________

________________________________________

你是否发现自己并非看不到，而是写不出？写不出的原因很多，词汇量是其中之一。如果你发现自己的词汇量不够，建议你多查查字典、词典，找到词语描述你看到的场景，找到词语体现不同场景的细微差别。想一想，表达类似的意思，可以用到哪些不同的词？比如想表示“美丽”，可以分别使用漂亮、俊朗、优雅、端庄、清新、艳丽这些词；形容鸟的叫声，可以分别使用嘤嘤、婉转、嘹亮、叽叽喳喳这些词。自觉寻找此情此境中更为准确的词语，是增加词汇量的好办法。

除了数量，语言的质量还表现在语言的规范上。语言的规范包括书面语言表达的规范性、形象性、概括性，口语表达的语气、语调等。大多数家长并不专门从事语言文字工作，不必苛求语言的规范化程度，但在日常和孩子交流时，家长要有良好的态度，对自己的语言表达要有要求，感觉不对劲儿的地方要及时查阅工具书，多请教他人，也可以跟孩子一起讨论、互相学习。在语言选择上，家长要尽量选用“高级”的词语，用孩子不那么熟悉的词语，有意识地为孩子在语言应用的态度、意识上做出榜样。

要保证语言互动的频率和质量，说到底，需要家长具有自觉的意识。

## 重视纸笔交流，三步提升家庭读写活动水平

语言能力的发展有“习得”和“学得”两条路径。幼儿的语言发展更多是在具体的活动情境中习得的。在活动中，儿童直

接感知和体验生活中的事物，产生了称呼、描述、介绍等方面的表达需求，因此儿童的词汇发展一般是从名词开始的，进而是形容词和动词；儿童一般先积累具象的词汇，然后积累抽象的词汇。变化的生活情境、活动方式不断对儿童形成新的刺激，进而促进儿童语言的整体发展。

语言习得（Language Acquisition）是指在不知不觉中学会语言，语言学得（Language Learning）是指有意识地学会语言。简单地说，沉浸在语言环境中不知不觉间形成的听、说能力，是习得的；需要专门化的学习内容与学习行为才能发展提高的读、写能力，是学得的。

家庭读写活动兼具习得和学得两种功能。家长为孩子阅读图书时，孩子不仅能接触新鲜的人物、事物、情境，还能接触跟家庭成员话语系统不一样的表达方式。家庭读写活动是家长和孩子共同进行的活动，在此过程中，家长能够关注孩子语言发展的个性化需求，帮助孩子获得更为丰富的词汇、更为多样的句式。另外，在共同的活动经历中，家长更容易实现语言运用的示范作用，帮助孩子在观察家长表达的过程中反观自己，让孩子获得差异化的语言经验。因此，家长要努力在家庭环境中提高家庭读写活动的频率，成为孩子在读写活动方面的真实榜样，为孩子树立良好的“成人生活样板”。

家庭读写活动可以在多个场域、以多种形式进行。家长为孩子朗读图书时，可以在语气、语调、节奏、停顿、重音等方面为孩子做出示范，良好的朗读示范有助于孩子理解图书内容，同时也能助力孩子的语言发展。家长在朗读时要有针对性和指向性，需要孩子关注哪些方面，就着重突出哪些方面，帮助孩子实现从“无意注意”到“有意注意”的转化，提升孩子的学习效率。

☆☆☆

“有意注意”是自觉的、有目的性的注意，它往往需要主观上的努力，需要我们主动维持注意力。我们在读书时专注于书中的内容，孩子在上课时专注于老师讲授的内容，这都属于“有意注意”。

“无意注意”是一种没有目的性的注意，通常不需要主观努力，是受到外界的影响，不由自主产生的。你在读书时，厨房忽然传来一声巨响，你会不由自主地看向厨房，这就属于“无意注意”。

“有意注意”是在“无意注意”的基础上发展而来的。在学习和工作中，我们更需要利用“有意注意”，提升做事的效率。

在信息化程度极高的当代社会，我倡导在家中创设足够大的纸笔交流空间：准备一块小黑板，用于呈现欢迎词、感谢信、家庭通知等内容；准备几本便签条，随时贴在不同的地方，用灵活的方式起到提示家庭成员的作用；在特别的日子里准备心意卡，使用典雅度高的语言，表达对家庭成员的情感。

在众多纸笔交流形式中，家庭成员之间的书信具有特别重要的意义。有些交流内容通过写信的形式能够被表达得更细腻、更真挚，更有动人的力量；想表达某些不方便用口语诉说的心里话时，书信的形式也可以更好地满足表达的需要。有条件的家庭可以设计“一封信的旅行”活动，让孩子给远方的亲人写信，体验写信、寄信、收信、回信的过程，感受书信的作用。

我小的时候，给长辈写信，经常在收到回信的同时，收到原信的“批注版”。长辈在原信上标出我写得好的地方，标出他受到感动的地方，指出我写得有问题的地方。

2002 年，我还收到过一位长辈的信，老人家像回我小时候的信件那样批注，用便签条补充了他的阅读感受。收到信的我泪水涟涟，沉浸在文字所传递的情感中，感受到了长辈对我的关爱与呵护。

家庭读写活动的水平，取决于家长的语言文字运用水平。家长可以从以下三个方面入手，实现家庭读写活动水平的提升。

其一，学习阅读策略。不同类型的书有不同的阅读策略。阅读家庭读写活动中经常涉及的文学作品时，我们通常可以采用内容重构、捕捉闪回、对照阅读、跨界阅读这四种基本策略。

内容重构是在通读全书的基础上，选择一个人物或事件，整理全书中关于这个人物或事件的信息，连缀成一段文字，形成整体的认识。比如，《夏洛的网》中，蜘蛛夏洛一共织了四张网，分别是“王牌猪”“了不起”“光彩照人”“谦卑”，如果将这四个词语连缀起来，我们就能看到作者传递的思考。再比如，《小王子》中，小王子都遇见过哪些人，这些人对小王子有怎样的影响？摘录相关信息，有助于我们理解作品的主题。利用阅读策略设计家庭读写活动，可以更好地帮助孩子达成阅读目标。比如，可按照出场顺序，排列《小王子》中出现的人物，从而体会作者对人生的思考。

捕捉闪回是关注书中重复出现的信息，如人物的语言、动作、场景等，通过这些重复出现的信息，把握全书的内容，理解作者的思想情感。《柳林风声》中反复出现蛤蟆的忏悔，几次忏悔勾勒出了蛤蟆成长的历程。如果我们把这些内容转化为家庭读写活动，可以给蛤蟆每次忏悔前的情节做一个概括，摘录蛤蟆忏悔的语句，由家庭成员做组合式的朗读，家长和孩子分别朗读

“旁白”和“蛤蟆的语言”，帮助孩子认识到重复的情节在塑造形象、表现主题方面的作用。

对照阅读是对比一个人物前后形象的变化，对比书中的不同形象，对比这本书中的形象和其他书中的类似形象。要把对照阅读转化为家庭读写活动，我们可以设计人物形象连环画，将书中的插图抽取出来，然后让家庭成员一起为插图排列顺序，并给每幅插图拟一个标题，拟标题的过程自然就让孩子注意到了人物形象的变化。我们还可以设计人物形象对比的结构图，用图表列出对比点，家庭成员针对这些对比点，一一进行讨论。

跨界阅读是在阅读的基础上，关注由这本书改编的其他艺术形式。比如，跟孩子一起看这本书改编的电影，一起讨论电影形象与书中形象的区别，等等。跨界阅读有对比分析的特点，借助对不同艺术形式的比较刺激孩子思考，让孩子形成更为深入的理解。另外，多种媒介阅读也是当代社会重要的阅读方式，这种策略能够让孩子建构跨媒介阅读的基本方法，更好地适应社会发展的要求。

其二，坚持做读书笔记。读书笔记是一种传统的学习方法，它具有促进理解、推动思考、辅助记忆、积累资料等作用。前代学人按照读书笔记的内容、形式、目的等，发展出了各种读书笔记的类型，综合起来，可以大致分为以下四种：摘录笔记、提纲笔记、批注笔记和心得笔记。

摘录笔记的作用，一是集中阅读材料的精华，二是方便未来检索引用，三是用于辅助对比分析。在不同的阅读目标的指引下，摘录笔记的内容也会有所不同。如阅读诗体小说《十岁那年》，读者可能基于各种不同的目的进行摘录——了解诗体小说和普通小说的区别，分析作者的创作意图，讨论作者的语言风格，提炼诗歌的创作背景与社会影响。

提纲笔记，是简缩式笔记的一种，“它是对全书或全文的脉络所表达的要点进行笔记”[①]。提纲笔记一般适用于阅读比较重要的学术文章或学术著作，梳理全书大纲小目及其关联，主要有两个作用：一是做出全书的内容提要，以准确把握作者的主要观点和价值取向；二是梳理作者的论述逻辑，借此探究作者的思想方法，认识阅读材料的学术思想和学术价值。

在我国，批注不只是一种阅读方法，还是一种艺术鉴赏方法。我国古代的书画作品常有留白，后人赏鉴时，多会在留白处记录心得体会或批评质疑。古人读书，也常在字里行间或书页空白处，用符号或文字记录自己的阅读感悟，或对阅读材料进行补充、阐释。古人还有对批注进行批注的习惯，这就像不同时代读者的隔空对话，后人读来，更受启发。批注笔记随读随记，角度多元、内容丰富，体会、疑问、思考、观点、注释，都可以成为批注的内容，有利于加强读者与作者和作品的互动交流，增加读书的情致。读一遍书，做一遍批注，不仅是与作者和作品的对

① 史为恒. 不动笔墨不读书——读书笔记写作摭谈［J］. 应用写作，2017（11）：33.

话，也是跟未来的自己的对话。

心得笔记也被称为“札记”，与摘录笔记、提纲笔记相比，心得笔记的重点指向读者自身的感悟与思考；与批注笔记相比，心得笔记的内容相对完整，通常有确定的话题、议题，针对阅读材料的某个方面集中表达自己的感悟与思考。

3 Minutes 分钟 | 工作坊

## 用批注笔记记录阅读感悟

《西游记》第六十六回，师徒四人在小雷音寺遇难，弥勒前来解救。行者责怪弥勒管教不严，弥勒却说：“一则是我不谨，走失人口；二则是你师徒们魔障未完，故此百灵下界，应该受难。”重读这段文字，你有哪些新的思考和感悟？请用批注笔记的方式记录下来。

“弥勒的话看似有理，实则是为自己开脱。听话听音，生活中也常有这样的情景，听到某人说的某句话，一下子捕捉到他的弦外之音。读书时，往往看到一个情节，会感到‘心有戚戚’，这也是阅读的魅力之一。”

“弥勒这‘一则’‘二则’，说尽世间苦难的缘由：有人犯了错，有人则需要修行。我犯了错，这才给你们提供了这次修行的契机；而不管我犯不犯错，你们都需要消除魔障，苦是一定要受的，不是我，也得有别人。这话实在让悟空无可反驳。”

…………

**这样的批注笔记能转化为怎样的家庭读写活动？请记录你的想法：__**

________________________________________

________________________________________

________________________________________

其三，了解思维的特点。语言与思维的关系极为密切。家庭读写活动也是促进孩子思维发展的重要载体。家长需要了解一些思维能力的基本特点与表现，比如近几年大家比较关注的“思辨”，具体表现涉及如下四个方面。

一是基于证据和逻辑做出判断。

判断证据的客观化和明确化是孩子思维能力发展的重要标志。思辨要求孩子对正在经历的生活场景进行复杂的思维加工，逐步建立事物之间的时空、因果、条件等联系，逐步形成思考的自觉意识。阅读理解的过程，要求孩子正确理解文本的隐含信息，要求孩子用文本信息支持结论，这其实就是基于证据和逻辑做出判断。

二是质疑和反思他人及自己的观点。

质疑可以被理解为“心有所疑，就正于人”。学习过程中的质疑，能够体现孩子独立思考的能力和探求真知的执着。质疑的前提是全面掌握信息，深入理解信息。善于质疑，表现为不轻信、不盲从，立足于证据和逻辑，追问观点与结论是否合乎实际，是否真有道理；敢于质疑，表现为面对权威和经典，能够提出不同的见解。家长的质疑精神能够引领孩子质疑精神的发展，家长对待孩子质疑的恰当态度，能够为孩子创造安全的质疑环境。质疑的对象不仅仅是他人的观点，还有自己的观点，如此，孩子才能在探究与反思中，实现思维的发展。

三是开放的胸怀和勇于担当的精神。

未来社会需要具有责任心和使命感的公民，需要我们始终保持好奇心与求知欲，乐于了解并深入理解不同的观点，需要我们能够在吸纳他人合理表达的基础上，就存在的疑点提出问题，“直面选择，果断决策，勇于为自己的选择承担后果和责任”[①]。包容的态度和担当的精神是责任感和使命感的关键表现，也就是允许存在不同的观点，并有力量解决外界出现的问题，敢于承认自身存在的问题。

四是基于理性思维的理性表达。

孩子受到情绪化思维的限制时，常常会“急于表达”或“羞于表达”。理性思维要求人们运用合理的思维方法，展开完整的

---

① 谢小庆．审辨式思维［M］．上海：学林出版社，2016：13.

思维过程，以获得高质量的思维结果。在此基础上，基于理性思维的理性表达，通常体现为中心明确，内容不枝不蔓；材料与中心的关系清晰，条分缕析、有理有据。

3 Minutes 分钟 | 工作坊

## 认识思辨

一位母亲带着孩子到海边度假。晚上，母女俩准备在帐篷中休息。女孩问妈妈：“我可以换上睡衣吗？”妈妈回答说：“帐篷里有很多沙子，会把睡衣弄脏的。”小女孩表现出不高兴的样子。如果你是这位妈妈，你会怎样跟孩子交流呢？

“再过几小时，沙滩上有烟火大会。我们换了睡衣，就不能出去看烟火了呀！还是不换比较好，方便过一会儿起来。”

“我们平时睡觉，都要换上睡衣。可是今天既然在帐篷里睡觉，不换睡衣也是一种千载难逢的体验。为什么不珍惜这个难得的机会呢？”

“你征求别人的意见，就要做好听到不同意见的准备。我只是给你提供了建议，并没有为你做出决定，你可以根据自己的心意做出决定。”

…………

对比三位妈妈的回答，你是否对思辨有了新的认识？请记录你的想法：________________________________________

________________________________________

________________________________________

家长了解的思维知识越多，将其转化为家庭读写活动的能力就越强，家庭读写活动对孩子的帮助就越大，这是显而易见的。

## 保质保量：丰富家庭语言材料

家庭语言材料，主要是指图书。增加图书，是家庭语言环境的三个基本要素中，最好解决也最难解决的问题。好解决的问题是数量，不好解决的问题是结构。虽然图书具有商品属性，有经济实力就能拥有足够多的图书，但是作为单纯物质资料的书，并不能直接参与家庭语言环境的营造。

家庭语言材料的积累，要经过一个漫长的过程，孩子也需要参与这个过程。孩子应该关注并参与家庭成员购书、读书、整理书的过程。在一个家庭中，各个家庭成员都应该拥有自己的图书，这些图书会涵盖不同的专业领域，也会包含全家人共同涉猎的领域。图书数量的增加，能够直接反映家庭成员借助阅读共同发展的态势。如果每位家庭成员都愿意读一点儿费脑筋的书，就能为孩子营造更好的家庭语言环境，帮助孩子在阅读的过程中实现成长。

除了数量的积累，家庭语言材料在类型上也应该尽量丰富。孩子成长过程中所需要的文学类、历史类、科学类、艺术类、哲学类等图书都应在家庭语言材料中占有一席之地，并且成为家庭读写活动的重要素材。

说到底，家庭语言环境的营造取决于家长教育的自觉性，取决于家长的学习能力和发展意愿。语言环境良好的家庭大多是学习型家庭，家庭成员有着共同的愿景：通过学习，实现终身发展。

3 Minutes 分钟 | 工作坊

## 本章学习要点回顾

在这一章提到的家庭语言环境的基本要素中，哪一项是你的家庭目前最为欠缺的？

“家庭读写活动。平时没为孩子设计过这类活动，错过了很多锻炼孩子读写能力的机会。”

“我们和孩子语言互动的频率本来就不够，质量就更谈不上了。得趁孩子还愿意跟我们聊的时候多聊一聊，等孩子长大了，就更没机会了。”

“我们家的图书储备不够，孩子看书一般都是在学校阅览室。老师说得有道理，家是孩子待得最久的地方，家里的阅读氛围不够，肯定会限制孩子语言能力的发展。”

…………

**请在这里写下你的答案：**________________________________

________________________________________________

________________________________________________

今天，虽然不少家长都能有意识地为孩子提供良好的物质条件，让孩子能够心无旁骛地学习，但是有多少家庭能为孩子创设良好的家庭语言环境呢？答案可能并不乐观。家庭语言环境看似无形，其实又很容易被看见：家中积累的丰富图书、亲子之间良好的沟通机制、家庭成员一起读写的氛围……都是家庭语言环境的良好体现。

这一章提到了几种家庭教育活动，你最想尝试其中的哪一种？

“为孩子朗读图书。”

“跟孩子通信。”

“每天都和孩子‘好好说说话’，哪怕只是说一些不那么重要的话。”

…………

**请在这里写下你的答案：**________________________________

## 本章要点

家庭语言环境是家庭教育环境非常重要的体现。高频高质的亲子对话，有助于丰富孩子的词汇储备，促进孩子语言表达的规范性；提升家庭读写活动的水平，能让孩子提升语言的精细化程度；家庭语言材料的占有数量以及丰富程度，是衡量为孩子提供的读写资源的重要指标。

自觉营造良好的语言环境，仅靠一腔热情是不够的，更要靠家长自身对学习和发展的向往与行动。只有把语言当作帮助自己和孩子共同成长的重要工具，才能实现家庭学习氛围的长足进步。

## 语文学习家庭支持清单

请在你做到的事项前打“√”，并为自己打分。

- ■ **每天跟孩子进行一次 10 分钟的对谈，坚持一周** ★★★★★
- ■ **每周跟孩子进行一次 30 分钟的长谈，坚持一个月** ★★★★★
- ■ **为孩子朗读图书，注意语气、语调、节奏、停顿、重音** ★★★★★
- ■ **在家里准备小黑板、便签条和心意卡，创设纸笔交流空间** ★★★★★
- ■ **和孩子通信** ★★★★★
- ■ **使用不同的阅读策略，为孩子设计阅读活动** ★★★★★
- ■ **养成阅读习惯，并坚持做读书笔记** ★★★★★
- ■ **为孩子准备不同类型的图书，丰富家庭语言材料** ★★★★★

## 第五章

# 提高家庭支持性，拓展孩子的语言边界

孩子需要安全而富有支持性的家庭学习环境。

1998 年，我遇见了一个大约能认 3000 字的小学一年级新生，他朗读 400 字左右的文章也毫不费力。据家长说，他们工作很忙，没有时间管孩子，也没让孩子上学前班，没想到也不知道孩子认识这么多字。我问孩子：“谁教你认字的？”他明确地回答：“电视。”接着，又修正为“歌厅里的电视”。他家开卡拉 OK 厅，孩子午睡起来，自己在大厅里听歌，歌词跟着演唱节奏一个字一个字地出现，他就一个字一个字地听在耳中、看在眼里。那个时间段少有客人，没有其他歌声打扰，孩子边听边看，每天有将近两小时的沉浸式自我学习；音画营造了“随文识字”的语言环境；不同类型的歌曲用字差异大，无形中增加了字量；歌词重复出现，符合识字对“复现率”的要求。这几点符合识字的基本规律，因此孩子在自发状态中“死记硬背”，自己完成了识字教育。然而，孩子并不理解汉字构形特点，生字出现的顺序也不符合孩子的认知规律，家长更要特别关注的是，孩子识字的语境并非文质兼美，这样的识字教育可能存在严重隐患。

我习惯于用家庭学习环境四象限（见图 5-1）来区别家庭学习环境的不同状况。如果用安全和支持性两个维度来标定家庭学习环境，最好的状态是安全的且高支持性的，其次分别是安全的但低支持性的、不安全的但高支持性的，最差的是不安全的且低支持性的。回顾这个孩子的识字经历，我认为还有必要区分“高支持性”的状态：是家庭自发的还是自觉的。一个环境安全的家庭，如果能自觉提高对儿童学习的支持性，达至安全的且高支持性的状态，显然能更好地促进孩子的发展。

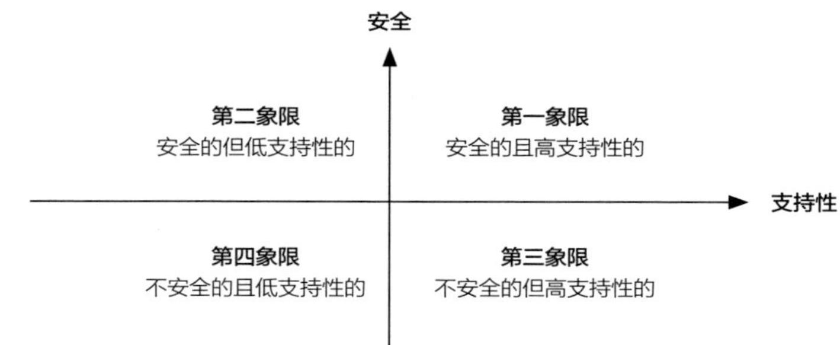


图 5-1　家庭学习环境四象限

☆☆☆

安全，指心理的安全感，即孩子在家庭中的情绪体验，主要表现为确定感和可控制感。安全感被认为是心理需要的第一要素，是人格中最基础、最重要的成分。安全感的建立依赖家庭环境，主要是在幼年期从家长特别是母亲那里获得的。安全的家庭让孩子有自信和自由，能够满足孩子当前和未来发展的需求。

高支持性，指家庭成员为孩子提供足够的支撑、供应、赞同、鼓励等带有正向影响作用的因素。一个能够在家庭中获得高度支持的孩子，通常有稳定的情绪状态、适度的自我表达和良好的合作态度。这三个方面也是人的认知力、行动力和自控力的重要支撑。

☆☆☆

我曾经跟好友母子一起外出参加活动，母亲跟孩子交流的习惯性动作是“横眉立目”，母亲一个眼神扫过去，孩子便手足无措又不明就里，一脸困惑。我观察了好长时间，也不太明白母亲要制止孩子做哪些事情，几次三番，只能眼看着孩子情绪低落。我忍不住“好为人师”：“你首先要告诉孩子在这样的场合下，什么事情可以做，什么事情最好不做，什么事情不可以做，让孩子知道基本规则。在他违反规则的时候提示一下是可以的，但不能总是提示，孩子在不确定性的环境中没有规则和标准，不知道控制什么，如何控制，会影响他的情绪状态。”母亲意识到了自己的问题，很快做出了调整。

3分钟 | 工作坊

### 你的家庭处于哪个象限

请在纸上画出家庭学习环境四象限，并认真反思自己的家庭环境，确定它所处的象限。如果愿意分享，请说出你的判断和理由。

“安全，但是支持性不高。主要是我和孩子的妈妈都太忙了，孩子自己在家的时间比较多，我们陪伴的时候少。”

“安全，支持性也高。孩子是我们两口子跟姥姥、姥爷一起带大的。姥姥、姥爷是大学教授，不仅能科学地照顾孩子的生活，也能教孩子认字、背诗、读书，潜移默化地给了孩子很多影响。”

“我们家虽然支持性高，但可能算是‘不太安全’吧。我和爱人都很在意孩子的学习，轮班陪学。有时候我们可能对孩子比较严格，不够有耐心，孩子对我们已经有点儿抵触了。”

…………

**请在这里写下你的答案：**________________________________

________________________________________________

________________________________________________

孩子需要安全的家庭环境，身心舒适，其个性特长受到保护。高支持性，强调的是父母在孩子发展的过程中要有意识地帮助他、引导他，在各个成长阶段，都能为他提供良好的支持条件和行动。

**通过上面的讨论，你是否得到了启发？请用关键词记录你的思考：**__

________________________________________________

## 帮孩子盖一座语言经验的高楼大厦

孩子的语言经验积累，需要孩子认识一定数量的汉字，掌握一定数量的词汇，背诵一定数量的文章，阅读一定数量的文学作品。这些基本的语言材料，就好比盖房子所需的砖瓦泥料等建筑材料。没有它们，房子就不可能建成；有了它们，也不等于就有了房子。之所以有些人虽然认识不少字、词，也背诵了不少文章，语言表达能力却不强，是因为这些语言材料没有被合理应用到他的语言理解和语言表达中去。建筑材料堆在一起，不能自动变成房子，而需要被调用，形成结构，这样才能盖出结实、实用、美观的房子。从家长的角度来说，我们要帮助孩子准备建筑材料，了解这些材料组合、运用的方式与过程，自觉帮助孩子盖起语言经验的高楼大厦。从材料到房子，这个过程在语文学习中被称为“语言经验的结构化”，具体分为以下四级水平。

第一级水平可以简单概括为“收集”。在这个水平层级上，家长着力于帮助孩子养成积累素材的习惯，注重语言材料的收集，不断扩大积累量。家长要提醒孩子有意识地收集日常生活中学到的汉字、词语，遇到不认识的字、不理解的词，要主动去识认。

第二级水平可以简单概括为“分类”。这个水平层级包括两个阶段：第一个阶段，孩子按照自己的心意分类，没有固定的标准，家长要努力理解孩子的分类标准；第二个阶段，孩子虽然有了一些明确的分类标准，但是分得不够准确，家长要帮助孩子发现问题，调整完善。以汉字为例，在第二阶段，孩子要能把具有相同、相似特征的汉字联系起来，进行分类，家长要创造机会，让孩子讲一讲他对这些汉字的音、形、义特点的理解，讲一讲他的分类依据。

第三级水平可以简单概括为“联系”。孩子虽然能够在分类的基础上，看到同类之间的相似性、联系点，但是自己难以表达。家长可以尝试用孩子能理解的词汇，将他们已经意识到的联系总结为概念，比如形声字、近义词、成语、歇后语等。

第四级水平可以简单概括为“应用”。举例来说，孩子把握了某个汉字偏旁的意义，能够利用偏旁的意义，识认日常生活中出现的汉字；孩子认识到了成语的特点，能够积极地使用成语进行表达；三、四年级的孩子通常会在说完一句话后，尝试替换其中的某个词语，这都是他们追求语言表达丰富、准确的表现。家长了解这些规律后，要耐心地等待孩子把话说完、把词语调整好，必要时，还可以试着理解孩子的意图，帮助他们达成表达目的。

语言经验整合能力强的孩子，能够不断地发现新的语言材料，在新学到的语言材料和原有语言材料之间建立联系，在新获得的语言经验和原有的语言经验之间建立联系，逐步形成语言材料、经验和语言运用情境的有机联结，稳步提高语言经验结构化的水平。

语言经验的整合水平，影响并反映了孩子在其他方面的整合水平。整合水平高的孩子，不仅能够基于理解有效地掌握语文知识，而且能将自己掌握的知识有效地进行迁移和运用，能够解决新情境中的新问题。整合水平低的孩子，只能依靠大量持续性的重复记忆，来保持既有的记忆，学过的知识很难被有效地运用于复杂的情境，特别是陌生的情境。

要实现孩子语言经验结构化水平的进阶，家长不仅仅要培养孩子对学习的情感态度，更重要的是，要帮助他们在分类、联系、推断、验证、探究等认知行为上逐步提升。

## 一般游戏中的词汇积累

小时候，我经常和家人一起玩“词语接龙”的游戏。第一个人随便说一个词，后面的人要将词尾变成词头，接力下去。每个人思考的时间不能超过三秒，若三秒还没接上，就要接受惩罚，惩罚方式由前一个人决定，通常是唱歌、洗水果、一边背诗一边做蹲起等。我们家只有三个人，玩得不够热闹。同楼层的邻居家是三代同堂，我们经常在周末聚餐时一起接龙。我母亲是教师，父亲是工程师，邻居家的父母分别是公务员、技术员，爷爷是医生，玩着玩着，家长口中就会出现孩子不懂的词语。这时三个孩子会互相讲解，如果讲不明白，就由大人来讲。现在想起来，那是个“异质性”的“学习共同体”，为孩子们创造了接触不同领域词汇的机会。想当年，邻居家的爷爷到上海出差，回来接龙的时候就说出了“外滩”“洋泾浜”等词语，顺便跟我们讲了上海风情。接到词穷的时候，大家有时不得不用地名充数，也相当于“行万里路”了。

不同的家庭会有不同的游戏。这些游戏代代相传，现在玩起来，依然会有意想不到的新鲜感。“中国东北民俗文化系列”图书中的《旧时游戏》，用美术的形式再现了旧时东北的民间游戏，如滚铁环、拍啪唧、嘎拉哈、猴皮筋儿、抽冰尜、打雪仗、捉蜻蜓、摔泥泡……现在想来，童年那些漫长的午后，固定的伙伴和不重样的游戏，成就了茁壮的我们。

一次，跟学生的孩子一起吃羊蝎子，吃到一块羊拐，小巧洁白。我一时兴起，给孩子讲起了嘎拉哈。嘎拉哈源自满语，是流行于东北地区的传统游戏。游戏要使用羊后腿的膝盖骨，四个一副，手笨的人只能一次玩一副，手巧的人能同时玩好几副。有本事的小姑娘有个专门的口袋，里面是十几个嘎拉哈和一只小皮球。嘎拉哈有六面，玩的时候只用其中的四面：中间凹陷的正面叫“坑儿”，凸起的背面叫“背儿”，像耳朵形状的侧面叫“轮儿”，相对的另一个侧面叫“真儿”。游戏要在坚硬、平整的场地上进行。玩的时候，只能用一只手，先把小皮球抛起来，在球落地再弹起的时间里，翻动嘎拉哈，再把球接住。不同的地方，欻嘎拉哈的规则不尽相同。我们那里的规则是翻动嘎拉哈，顺次完成不同的任务——先让所有的嘎拉哈呈现“坑儿”，再让所有的嘎拉哈呈现“背儿”，接着分别呈现“轮儿”和“真儿”。结束动作是把所有的嘎拉哈抓在手里，再接住小皮球，这个收束的动作叫作“欻”。嘎拉哈的数量和品相，可能反映着女孩的家庭地位——拥有数量多、光洁度好、染色（通常是红色）均匀的嘎拉哈，往往是那个时代女孩的骄傲。

假如没有这个机缘，关于嘎拉哈的所有词汇可能只是默默地被储藏在我记忆深处，没有翻出来的机会，这说明词汇与文化、词汇与生活是共生共存的，词汇能够反映时代特点。因此，结合生活经验，更容易让孩子积累词汇、理解词汇、使用词汇。家人一起做游戏的过程，往往能成为孩子积累语言经验的过程。

3 Minutes 分钟｜工作坊

## 儿时的游戏

在你的童年记忆中，存留着哪些游戏？如果是词汇游戏，请讲讲游戏的方式与规则；如果是其他类型的游戏，请整理一张词汇卡，用它给大家讲述游戏过程与规则。

“老鹰捉小鸡。我的词汇卡上写的是老鹰、母鸡、小鸡、排队、抓、保护、躲避。参与游戏的人要分别扮演三种角色：一个人当老鹰，一个人当母鸡，其他人当小鸡。第一只小鸡抓着母鸡的衣襟，其他小鸡跟在他后面，一个抓着前一个的衣襟，排成长队。老鹰不能攻击母鸡，只能抓小鸡；母鸡要张开双臂，阻挡老鹰、保护小鸡；小鸡要左右闪躲，躲避老鹰。直到老鹰抓住一只小鸡，游戏结束，被抓住的小鸡当老鹰，开始下一局游戏。”

“跳皮筋。我写的词是皮筋、升高、抻、跳、踩、勾、绕。跳皮筋一般是三个人以上一起玩，两个人分别在两头抻住皮筋，其他人按顺序完成规定动作，比如踩皮筋、勾皮筋、绕皮筋……皮筋的高度从脚踝开始，到膝盖、臀部、腰部、肩膀、耳朵、头顶，不断上升，难度也不断增加。”

“小时候我特别喜欢玩报纸、杂志上的填字游戏。出题人会画出一片纵横交错的方格，横向连续的方格开头会标出汉字数字，纵向连续的方格开头会标出阿拉伯数字。每个数字标出的方格，连起来都是一个词语或短句，加起来大约有二十多个。出题人还会为每个词语、短句给出提示。根据这些提示，能填出不少空格。有的词看了提示我也填不出来，但是可以根据已经填好的内容去推测，因为横向与纵向共用的方格中，填入的是同一个字。游戏里出现的词句除了各个领域的常用词，还有人名、歌名、电影名、俗语、诗句、新兴事物、热点词汇……这个游戏不但能扩大词汇量，还能增长见识。”

“小时候父母经常带我玩扩句游戏，现在我和儿子也会一起玩。比如，我说一个非常简短的句子，孩子在句子中加一个词，我再加一个词，轮流往下加。这个游戏能让孩子注意到句子中哪些地方可以加上修饰语。玩得多了，孩子平时说话，句子说得越来越长，用词也越来越丰富了。”

大家交流的这些游戏，你觉得哪一个可以在你的家庭中开展？请写下游戏的名字：________________

## 专门游戏：四招搭建家庭词汇墙

除了注意在一般游戏中积累词汇，家长还要针对自家孩子的特点开发一些指向词汇积累的专门化游戏。实践证明，家庭词汇墙是帮助孩子积累语言经验、拓展语言边界的有效工具，带有专门化游戏的特点。在孩子上初中之前，词汇墙都能发挥作用。下面，我将提供几个策划方案，家长可以根据家庭和孩子的实际情况，选择使用。

### » 方案 1：词汇思维导图

孩子积累词汇的顺序一般是名词、形容词、动词、副词。词汇思维导图通常会围绕名词展开，活动环节包括选定词语、头脑风暴、整理词语、绘制导图。

选定词语。首先圈定一个范围，比如“天上飞的”“地上跑的”“家里有的”“故事里听来的”，等等。在这个范围内，每个家庭成员写出一个词语，然后大家投票，或者用“不是它就是它”的排序游戏，从中选出一个名词。

头脑风暴。围绕这个名词，家庭成员开始头脑风暴，轮流说出与这个名词相关的词语，每人每轮说一个词语，然后再来一轮。如果针对你说出的词语，有家庭成员提出了疑问，你需要停下来，解释两个词语之间的相关性。一轮一轮，循环往复，说出的词语不能重复。这个过程有助于培养孩子的注意力，孩子在家人的帮助下，不断扩大搜索范围，在更广泛的视野里，建立词语之间的联系。这个环节循环的轮次越多越好，参与者应尽量多地收集相关词语。

整理词语。家庭成员一起为收集到的词语分类。每个家庭成员提出一个分类标准，并呈现分类结果。这个过程能帮助孩子建立“类别”的概念，明确同类的标准，是重要的思维训练。家庭成员的思维方式不同，分类标准也不同，孩子可以在观察中学习，在学习中对照、反思。在分类的过程中，家庭成员之间可以对话，家长也可以站在孩子的立场上，向其他家庭成员提问，利用相对平等的方式，帮助孩子最大限度地理解不同家庭成员的思维方式。每位家庭成员陈述并呈现分类结果后，大家再一起确定一个分类标准，分组整理词语。

绘制导图。思维导图有一些固定的绘制要求，比如分支的层级、顺时针绘制的基本顺序等，如果家庭成员能够熟练使用思维导图绘制软件，也可以带着孩子用计算机完成，然后将绘制好的思维导图标好日期，张贴在家里。张贴思维导图的作用是帮助孩子在一段时间内反复回顾图中词语。对词语学习来说，“复现率”

很重要，那些在生活和阅读中高频率出现的词语，更可能进入孩子的话语系统。图 5-2 和图 5-3 是两个家庭的词汇思维导图示例。

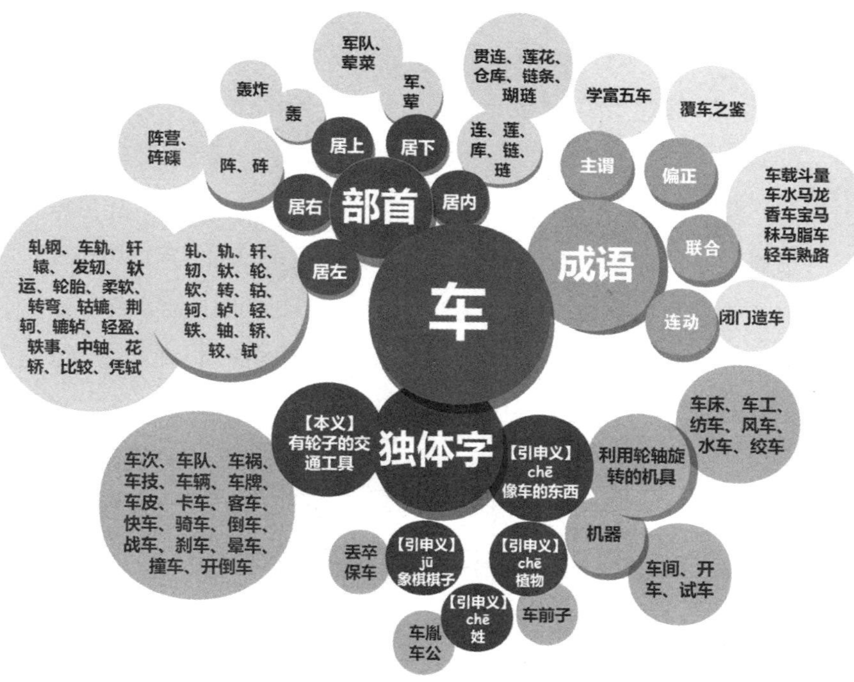


图 5-2 “车”的词汇思维导图

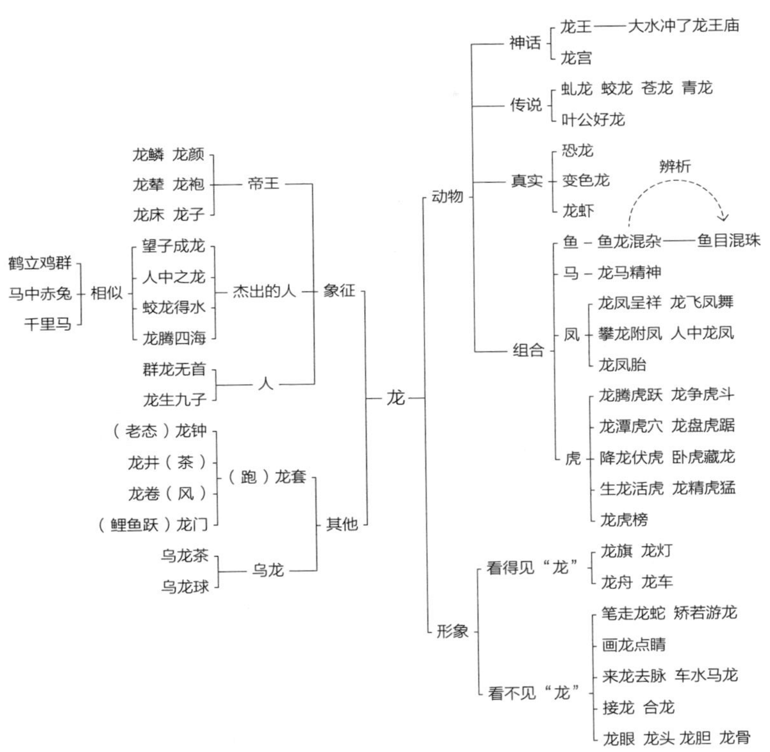


图 5-3　“龙”的词汇思维导图

图 5-2 是以“车”的造字、组词方式进行分类的。“车”字作为偏旁部首，可以处在汉字的不同的位置，组成不同的汉字；根据本义和不同的引申义，“车”字可以组成不同的词语；根据短语结构，“车”字又可以组成不同的成语。

图 5-3 主要以龙的实际意义和象征意义对词语进行了分类。作为一种动物，龙既是神话传说中的神兽，也有一些真实的动物以它命名，还可以和其他动物名称组合成词。作为一种形象，“龙”又用来命名那些以龙为造型的事物和形态与龙有共通之处的事物。龙还具有特殊的象征意义，用来代指人，特别是帝王和杰出的人。那些包含“龙”字、不便归类的词语，被列为“其他”。

在选择词汇思维导图中的词语时要避免雷同。家长要有意识地选择能帮助孩子“扩张”的词语，比如“女巫”“英雄”“边塞”“李白”等。从泛化的名词开始，逐步拓展到意义具体的名词，以及具有特殊意义或象征意义的名词，继而扩展到其他词类。

### » 方案 2：近义词停车场

词语具有三种意义：词汇意义、语法意义和色彩意义。词汇意义是指词语所表示的客观世界中的事物、现象和关系的意义。语法意义是指词语的语法作用，如在句子中可以做什么语法成分。色彩意义是指词语所表示的某种倾向或情调的意义，这种意义是社会约定俗成的，分为褒义、贬义和中性三类。词汇意义、语法意义和色彩意义互相联系、互为一体，共同组成了词语意义的全部内容。

近义词的丰富多样，体现了词汇的发展，也反映了语言的发展和人们思维能力的发展。人类社会的不断发展、人们思维能力的不断发展，以及语言本身的不断发展，都能促成近义词的产生和丰富。孩子用词比较简单，成年人用词比较复杂；不同年龄的孩子，词汇量也不同——这体现了他们在思维和交流丰富性上的差异。简单来说，近义词是语法意义相同、词汇意义相近的词语，也就是说，它们可以在同一个概念范畴里使用。但是，它们的指称范围、轻重程度、语意侧重和感情色彩，都有所不同。近义词能够表达事物和感受的细微差别，是孩子语言经验丰富程度的重要表征。

史铁生在《想念地坛》中写道："柔弱是爱者的独信。柔弱不是软弱，软弱通常都装扮得强大，走到台前骂人，退回幕后出汗。柔弱，是信者仰慕神恩的心情，静聆神命的姿态。"[①] 通过区分"柔弱"与"软弱"，作者传递了深刻的思想。

路遥在《平凡的世界》中写道："他（孙少平）现在认识到，他是一个普普通通的人，应该按照普通人的条件正正常常地生活，而不要做太多的非分之想。当然，普通并不等于庸俗。他也许一辈子就是个普通人，但他要做一个不平庸的人。在许许多多平平常常的事情中，应该表现出不平常的看法和做法来……这期间，少平获得了一个非常重要的认识：在最平常的事情中都可以显示出一个人人格的伟大来！"[②] 理解"普通""平常""平庸"

---

① 史铁生．想念地坛［M］．海口：南海出版公司，2003：序言．

② 路遥．平凡的世界［M］．北京：中国文联出版公司，1986：153．

与“庸俗”的不同内涵，显然有助于我们理解这段话甚至整部小说的思想。

从孩子积累的词汇中选择词语，布置家庭的近义词停车场，有两种呈现方式：一是给一个词匹配多个近义词；二是成对地列出生活和学习中发现的近义词。这两种方法可以交替使用。

活动的第一个阶段是列举近义词，张贴近义词停车场。活动的第二个阶段是家庭成员尝试用近义词“造句”，分别借一种现象或一个场景，给予它们形象的说明，一起讨论近义词的使用情境。家长不用迁就孩子的水平，一定要尽力呈现词语复杂的意义。比如“柔弱之心平静，软弱之心躁动。柔弱使人踏实而包容，软弱使人焦虑，进而战战兢兢、狐疑、怨怒。更重要的是，柔弱是一种源于爱的智慧，软弱则是缺乏爱的不幸。很多大声的咆哮和威吓，可能正是在对软弱、无知、慌张等进行掩盖。而柔弱呢？永远真诚而实在”。家长也应该鼓励孩子说得多一些、复杂一些，以充分体现近义词之间的细微差别。

近义词停车场上还可以“停放”孩子的作文。家庭成员一起在文中确定一些词语，共同寻找更为准确、精彩的词语，完成替换。需要提醒的是，家长要营造一种跟孩子一起攀爬高峰的气氛，让孩子感受到家庭成员的托举之力。比如在活动过程中，用小红花而不是错误标识去标注需要替换的词语，请孩子感谢替换词语最成功的家庭成员，等等。

### » 方案3：专题词汇展示栏

这里所说的“专题”，可以是词语类型专题，比如成语、谚语、歇后语等；也可以是词语题材专题，选择这类专题时要注意选择孩子在生活中不常触及的领域，比如描述二十四节气的词语（见表5-1）。

表5-1　二十四节气词汇表

| 节气名称 | 气象变化 | 物候 | 美食 | 文化与习俗 |
| --- | --- | --- | --- | --- |
| 立春 | 天下雷行<br>而育万物 | 东风解冻<br>蛰虫始振<br>鱼陟负冰 | 春饼 | * 迎春、咬春、踏春、打春牛、春鸡、春蛾、春杆、春娃<br>* 立春一年端，种地早盘算 |
| 雨水 | 降水开始<br>细雨飘然而至 | 獭祭鱼<br>候雁北<br>草木萌动 | 罐罐肉 | * 闹社火、闹花灯、接寿、撞拜寄、占稻色、回娘家<br>* 春雨贵如油 |
| 惊蛰 | 春雷乍动<br>春雷响，万物长<br>春雷惊百虫 | 桃始华<br>仓庚鸣<br>鹰化为鸠 | 梨<br>炒虫 | * 吃梨、吃炒虫、祭白虎、蒙鼓皮<br>* 二月打雷麦成堆<br>* 过了惊蛰节，春耕不能歇 |
| 春分 | 打雷<br>闪电 | 元鸟至<br>雷乃发声<br>始电 | 春菜<br>春汤 | * 吃春菜、送春牛、粘雀子嘴、放风筝、竖蛋<br>* 春分到，蛋儿俏 |
| 清明 | 天气清澈明朗<br>空气清新 | 桐始华<br>田鼠化为鴽<br>虹始见 | 青团 | * 扫墓、踏青、插柳、荡秋千、放风筝、吃青团<br>* 清明前后，种瓜种豆<br>* 植树造林，莫过清明<br>* 清明后，谷雨前，又种高粱又种棉 |

续表

| 节气名称 | 气象变化 | 物候 | 美食 | 文化与习俗 |
|---|---|---|---|---|
| 谷雨 | 雨水增多 | 萍始生<br>鸣鸠拂其羽<br>戴胜降于桑 | 谷雨茶 | * 赏牡丹、祭海、走谷雨、采茶、喝谷雨茶<br>* 谷雨有雨棉花肥<br>* 谷雨过三天，园里看牡丹 |
| 立夏 | 炎暑将至<br>降雨增多 | 蝼蝈鸣<br>蚯蚓出<br>王瓜生 | 立夏饭 | * 尝新、秤人、斗蛋、兜夏夏米、迎夏仪式<br>* 屡践<br>* 立夏麦咧嘴，不能缺了水<br>* 豌豆立了夏，一夜一个杈 |
| 小满 | 渐次进入夏季<br>南北温差缩小<br>降水进一步增多 | 苦菜秀<br>靡草死<br>麦秋至 | 苦苦菜<br>野菜 | * 抢水、食野菜、祈蚕节、动三车<br>* 小得盈满<br>* 小满小满，江河渐满 |
| 芒种 | 沿江多雨<br>黄淮平原也将进入雨季 | 螳螂生<br>䴗始鸣<br>反舌无声 | 梅汁 | * 安苗、煮梅、送花神、打泥巴仗<br>* 夏种开始<br>* 芒种忙，下晚秧<br>* 芒种不种，再种无用 |
| 夏至 | 日北至，日长之至，日影短至，故曰“夏至”。至者，极也<br>夜最短，昼最长 | 鹿角解<br>蝉始鸣<br>半夏生 | 凉面 | * 消夏避暑、拜神祭祖、吃面、送折扇<br>* 冬至饺子夏至面<br>* 吃过夏至面，一天短一线 |
| 小暑 | 炎热 | 温风至<br>蟋蟀居壁<br>鹰始鸷 | 藕、新米<br>新酒<br>饺子 | * 祭谷神、吃饺子、食新<br>* 小暑种芝麻，当头一枝花<br>* 小暑热过头，秋天冷得早 |
| 大暑 | 高温酷暑<br>大雨滂沱 | 腐草为萤<br>土润溽暑<br>大雨时行 | 广东：仙草<br>福建：荔枝、羊肉、米糟<br>湘东南：姜<br>山东、华北：羊汤 | * 晒伏姜、烧伏香、送“大暑船”<br>* 大暑热，田头歇；大暑凉，水满塘 |

续表

| 节气名称 | 气象变化 | 物候 | 美食 | 文化与习俗 |
| --- | --- | --- | --- | --- |
| 立秋 | 酷暑未尽<br>雨量减少 | 凉风至<br>白露降<br>寒蝉鸣 | 黄瓜<br>南瓜<br>秋水<br>蒸茄脯 | * 祭土地神、贴秋膘、啃秋瓜、晒秋、秤人<br>* 立秋十天遍地黄<br>* 立了秋，便把扇子丢 |
| 处暑 | 处，去也。<br>暑气至此而止矣<br>气温过渡<br>日夜温差大 | 鹰乃祭鸟<br>天地始肃<br>禾乃登 | 百合鸭 | * 迎秋、踏秋、开渔节、吃鸭子<br>* 滋阴润燥<br>* 处暑天还暑，好似秋老虎 |
| 白露 | 天气转凉<br>寒生露凝<br>金秋白露<br>物华将尽 | 鸿雁来<br>元鸟归<br>群鸟养羞 | 龙眼<br>白露茶<br>白露酒 | * 祭禹王、吃龙眼、收清露、饮白露茶<br>* 水土湿气凝之为露，秋属金，金色白，白者露之色，而气始寒也<br>* 白露秋风夜，一夜凉一夜 |
| 秋分 | 昼夜均而寒暑平<br>碧空万里<br>风和日丽<br>秋高气爽 | 雷始收声<br>蛰虫坯户<br>水始涸 | 螃蟹<br>野苋菜 | * 祭月、送秋牛、吃秋菜、吃螃蟹、竖蛋<br>* 阴阳相半<br>* 收敛、告别、隐居<br>* 秋分到寒露，种麦不延误<br>* 白露秋分菜，秋分寒露麦 |
| 寒露 | 日照减少<br>寒气增长<br>万物萧落<br>露水更多 | 鸿雁来宾<br>雀入大水为蛤<br>菊有黄华 | 芝麻酥 | * 赏红叶、吃芝麻、饮秋茶<br>* 秋之燥，宜食麻以润燥<br>* 寒露时节人人忙，种麦摘花打豆场 |
| 霜降 | 飒飒风干<br>寒意盈怀<br>霜花、早霜 | 豺乃祭兽<br>草木黄落<br>蛰虫咸俯 | 萝卜牛肉 | * 菊花会、吃柿子、吃牛肉<br>* 一年补透透，不如补霜降<br>* 九月中，气肃而凝，露结为霜矣<br>* 霜降见霜，米谷满仓 |
| 立冬 | 雨、雪、雨夹雪、霰；北方万物凋零、寒气逼人；南方十月小阳春 | 水始冰<br>地始冻<br>雉入大水为蜃 | 四物鸡 | * 迎冬、补冬、吃饺子、酿黄酒 |

续表

| 节气名称 | 气象变化 | 物候 | 美食 | 文化与习俗 |
|---|---|---|---|---|
| 小雪 | 开始降雪<br>时言小者，寒未深而雪未大 | 虹藏不见<br>天气上升、<br>地气下降<br>闭塞而成冬 | 红糖糍粑 | * 腌腊肉、吃糍粑<br>* 小雪雪满天，来年必丰年<br>* 十月朝，糍粑板子碌碌烧 |
| 大雪 | 至此而雪盛<br>降水量增多 | 鹖鴠不鸣<br>虎始交<br>荔挺出 | 腌肉 | * 腌肉、赏冰雕<br>* 大雪下雪，来年雨不缺<br>* 瑞雪兆丰年 |
| 冬至 | 夜最长，昼最短<br>数九寒天 | 蚯蚓结<br>麋角解<br>水泉动 | 饺子<br>馄饨<br>汤圆 | * 祭祖、吃饺子、数九<br>* 冬至大如年<br>* 冬至前后，君子安身静体，百官绝事 |
| 小寒 | 月初寒尚小，故云，<br>月半则大矣 | 雁北乡<br>鹊始巢<br>雉始雊 | 菜饭<br>糯米饭 | * 煮菜饭、吃糯米饭、数九<br>* 小寒胜大寒<br>* 小寒大寒，冻成一团 |
| 大寒 | 阳气未达<br>东风未至<br>寒至极处 | 鸡始乳<br>征鸟厉疾<br>水泽腹坚 | 八宝饭 | * 迎年、尾牙祭、数九<br>* 物极必反<br>* 过了大寒，又是一年<br>* 大寒到极点，日后天渐暖 |

* 春季的本质：生发、生长，温暖，鸟语花香，耕耘播种。（绿）
* 夏季的本质：屡践。（红）
* 秋季的本质：成熟，收获，唤醒，觉察，收敛。（白）
* 冬季的本质：四时尽也，万物藏也。（黑）
* 四季规律：春生，夏长，秋收，冬藏。

这种专题式的词汇积累，家长可每个季度选择一个专题，帮助孩子拓展生活经验与专业领域。上面的二十四节气专题积累，甚至可以做一年，设计一个表格张贴在家里，提醒家庭成员在各个节气通过收看电视新闻、阅读微信文章等方法扩大相关词汇，累积起来。可见，专题词汇积累不仅是词汇的积累，还是文化常识、生活经验的积累。

### » 方案 4：故事词汇图

故事里包含了不同方面的概念，是多角度积累词汇的优质资源。比如《白雪公主》中出现了表示宫廷生活的词汇、表示树林风光的词汇、表达人物心情的词汇、传递主题思想的词汇等。家长需要关注孩子的阅读内容，选择应该细读或重读的文本，和孩子一同制作故事词汇图，从故事中生成不同的生活领域、情感倾向，进而提炼出主题概念，如勇敢、智慧、真诚、勤奋等。整理词汇的过程，能帮助孩子回顾故事情节，深入理解作者的思想情感和作品的主题，如此，词汇积累的过程也是提高孩子认知水平的过程。

图 5-4 是一个家庭阅读曹文轩的小说《火印》时完成的故事词汇图。《火印》的语言优美、典雅，具有画面感，家长利用该小说引导孩子关注环境、声音、动作、神态、内心、外貌等方面的词语使用，有助于孩子进一步感受作者的语言风格。其中“有新鲜感”的词语能够反映孩子的喜好，可见家长对孩子个性化特征的重视。

《火印》词语积累

写环境

朦朦胧胧 / 万丈光芒 / 徐徐坠落 / 万顷寂静 / 绿茵茵 / 茂盛朦胧的暮气 / 浓稠的墨 / 荒郊野外 / 满眼的绿 / 浓浓的绿 / 险峻 / 风景如画 / 血红色 / 荒山老林 / 光华似水 / 一片灰烬 / 密集的枪声 / 四面楚歌 / 镀了金子 / 斑斑驳驳 / 漫山遍野 / 低矮 / 无边无际 / 残垣断壁 / 亮如白昼 / 枪林弹雨 / 影影绰绰 / 火星四溅 / 一尘不染 / 泛绿 / 满目疮痍 / 斑斓多彩 / 一望无际 / 寂静 / 兵荒马乱 / 绝境 / 军事要塞 / 咽喉要道 / 可攻可守 / 风餐露宿 / 旷野 / 夜雾 / 拂晓时分 / 春光融融 / 废墟 / 凄清 / 苍茫 / 弯弯曲曲 / 悠悠荡荡 / 凉丝丝 / 刀光剑影 / 骤雨般密集 / 洪流 / 暗淡 / 清澈见底

写声音

骂骂咧咧 / 哀鸣 / 叮嘱 / 嘶鸣 / 奶声奶气 / 号叫 / 一声不吭 / 一番训斥 / 扑通扑通 / 哗啦哗啦 / 吧唧吧唧 / 啼叫 / 声声情深 / 声声意长 / 又哭又笑 / 反复叮嘱 / 呢喃 / 断断续续 / 骨碌骨碌 / 呻吟

写动作

依偎 / 毫无章法 / 不管不顾 / 按捺不住 / 召唤 / 轻盈优美 / 亲密无间 / 东张西望 / 叹息 / 禁不住 / 收紧身子 / 攥在手中 / 前仰后合 / 挣扎 / 一动不动 / 一言不发 / 挤挨 / 剧烈跳动 / 翻涌而出 / 躲躲藏藏 / 滑落 / 转来转去 / 竭力挣扎 / 猛烈摇晃 / 警惕 / 眼睛滴溜溜地转动 / 咬紧牙关 / 搀扶 / 撒欢 / 踉踉跄跄 / 安抚 / 洗刷 / 搓着手 / 哆嗦 / 蹬踏 / 扭动 / 跌跌撞撞 / 来如影去如风 / 撤离 / 擦肩而过 / 对峙 / 厮杀 / 簇拥 / 矗立 / 合围 / 缠绵 / 磨砺 / 理睬 / 惊慌失措 / 匍匐 / 吮吸 / 驰骋沙场 / 悬崖勒马 / 抛撒 / 驱使 / 打扮 / 奔走相告 / 劈头盖脸 / 一瞥 / 劝慰 / 行色匆匆 / 啜泣 / 踮起脚尖 / 念叨 / 哆哆嗦嗦 / 三步一回头 / 聆听 / 张望 / 躲闪 / 避让 / 冲刺 / 奔突 / 停顿 / 回旋 / 穿行 / 跳跃 / 立起 / 一溜烟 / 讥讽 / 蜂拥而来 / 一拥而上 / 倾斜 / 坠落 / 前呼后拥 / 无比自如 / 不慌不忙 / 翻来覆去 / 匆匆忙忙 / 东倒西歪

写神态

仓皇 / 寒森森的目光 / 十分优雅 / 笑嘻嘻 / 威武自得 / 昏昏欲睡 / 神色凝重 / 目光诡秘 / 筋疲力尽 / 安详 / 直愣愣 / 直条条 / 泪流满面 / 大大方方 / 腼腆 / 垂头丧气 / 泪汪汪

图 5-4　曹文轩《火印》故事词汇图

《火印》词语积累

**写内心**

老谋深算／惴惴不安／美滋滋／嫉妒／惶惶不安／心不在焉／茫然／像决堤的大水冲击着他的心／无动于衷／屈辱／心头一热／将信将疑／无忧无虑／怯生生／烦躁不安／煎熬／悠闲自得／倦怠／迟钝／软弱／胆怯／紧张不安／失魂落魄／惬意／丧心病狂／幸灾乐祸／坚贞不屈／胆怯不安／冒冒失失／疑惑不解／十分不安／迟迟疑疑／压抑／焦躁不安／惊心动魄／担惊受怕／紧紧张张／生疏／崩溃／胡思乱想／莫名其妙

**写外貌（外形）**

瘦得皮包骨头／瘦弱不堪／蓝幽幽的寒光／松松垮垮／两只眼窝布满黑影／嘴唇焦干焦干／双手红通通／灰头土脸／一惊一乍／老泪纵横／嫩嫩的光泽／木呆呆／疲惫不堪／威风凛凛／目不转睛／犹疑／傻呆呆／苍白／毫无血色／热泪盈眶／疲乏至极／慌张／饱经沧桑／精神抖擞／惊愕／瘦削／骨瘦如柴

**有新鲜感**

恰到好处／异彩纷呈／熠熠生辉／如数家珍／络绎不绝／蜿蜒而下／了然于心／匠心独运／悲悯／相依为命／灰烬／天意／似有似无／噩梦／朝思暮想／天大地大／隐隐约约／豺狼虎豹／十分松散／风吹草动／荷枪实弹／举世无双／风雨飘摇／倾泻／结结实实／圆鼓鼓／三三两两／稠密至极／近在咫尺／万无一失／湿漉漉／昼夜不停／风雨无阻／勉强应付／一贫如洗／清清楚楚／无能为力／气力不支／干干净净／四面八方／神出鬼没／防不胜防／错失良机／痛快淋漓／纯粹／先机／一兵一卒／家家户户／兴致勃勃／日日夜夜／反反复复／杂七杂八／忙忙碌碌／无影无踪／浑身冷汗／酝酿／训练有素／夺眶而出／不管不顾／身不由己／悬殊／映照／薄弱／酿成大祸／毫无瑕疵／仓促／招架不住／无比英勇／不屈不挠／得心应手／百看不厌 ／活生生／推心置腹／一往无前／闪烁／以一当十／所向披靡／势如破竹／攻无不克／战无不胜／骁勇无比／竭力／温顺／空荡荡／摧毁／呛着／蛮横无理／欢欣鼓舞／一声不吭／毛茸茸／奄奄一息／善待／弥漫／旁若无人／无微不至／时时刻刻／空空如也／松弛／风驰电掣／擦肩而过／淋漓尽致／抑制不住／千载难逢／大丈夫能屈能伸／不祥之感／掩饰不住／凝然不动 ／全军覆没／心领神会／历历在目／难解难分／胜券在握／微不足道／轻而易举／热烘烘／不惜一切／空空荡荡

图 5-4　曹文轩《火印》故事词汇图（续）

“家庭词汇墙”既是一个物理空间，也是孩子语言和思维发展的心理空间。根据家庭的实际情况和孩子的真实需求，设计不同的词汇墙方案，用好这面“墙”，能够有效拓宽孩子的语言边界，同时也有助于建设一个安全的、高支持性的家庭，为孩子创造学习型的家庭环境。

3 Minutes 分钟 | 工作坊

### 本章学习要点回顾

根据孩子的语言经验，你觉得应该引导他往哪个语言经验结构化层级进行提升?

“孩子识字不少，表达能力却很弱，我一直挺苦恼的。原来他还在第一级的‘收集’水平。我打算试试家庭词汇墙的第一个方案，帮孩子练习‘分类’的能力。”

“孩子从来没有做过跟‘联系’有关的训练。原来从‘分类’到‘应用’中间还有这么一个环节。近义词停车场和歇后语，这些内容孩子挺感兴趣的，我可以为他准备起来。”

“孩子四岁，还没达到第一级的水平。我要帮他把新认识的字、词记录下来，收集语言素材。”

…………

**请在这里写下你的答案：**______________________________

____________________________________________

____________________________________________

____________________________________________

家长在引领孩子提升语言经验的结构化层级时，要注意在孩子现有水平的基础上往上进阶一个层级，循序渐进达到提升，而不要跨度太大。

通过这次学习，请你说出一件马上就想付诸行动的事。

“跟孩子玩词语接龙，还有指导孩子玩填字游戏。”

“和孩子一起读一本书，合作画一幅词汇思维导图。”

“跟孩子聊聊我小时候玩的游戏，再让孩子给我讲讲他平时玩的游戏，和孩子一起整理游戏中出现的词。”

…………

**请在这里写下你的答案：**______________________________

____________________________________________

## 本章要点

良好的家庭学习环境，应该是安全的且高支持性的。家长只有自觉发展家庭的“高支持性”，才能有效地促进孩子发展。

对语言经验的结构化发展来说，孩子要经历从收集、分类、联系到应用的过程。家长应该主动帮助孩子实现语言经验结构化水平的进级，从而整体提升孩子的语言和思维能力。

在帮助孩子积累语言经验的过程中，一般性的儿童游戏和专门化的游戏都是非常有效的学习工具。一般性的儿童游戏中，包含了大量丰富而特殊的词语，能让孩子“在玩中学”；专门化的词汇游戏，能根据孩子现状目标明确地扩大孩子的词汇量。家庭词汇墙是家庭语言学习活动的展示空间。无论词汇思维导图、近义词停车场，还是专题词汇展示栏、故事词汇图，利用好这面“墙”，都能够在促进孩子语言能力发展的同时，为孩子提供一个良好的家庭学习环境。

## 语文学习家庭支持清单

请在你做到的事项前打“√”，并为自己打分。

- ■ **和家人进行讨论，确定你的家庭处于哪个家庭学习环境象限** ★★★★★
- ■ **根据观察，判断孩子处于语言经验结构化的哪个层级** ★★★★★
- ■ **和孩子一起玩 1~2 种词汇游戏，养成习惯** ★★★★★
- ■ **跟孩子分享彼此最爱玩的游戏，共同整理游戏相关的词汇** ★★★★★
- ■ **指导孩子绘制词汇思维导图，将成果展示在家庭词汇墙上** ★★★★★
- ■ **在家庭词汇墙上开辟近义词停车场** ★★★★★
- ■ **每个季度一次，在家庭词汇墙上进行专题词汇展示** ★★★★★
- ■ **指导孩子在阅读的同时，绘制故事词汇图** ★★★★★

第六章

# 依托戏剧教育，平衡多子女家庭关系

家庭是儿童的第一所学校，谁也没有择校的机会。

我教的第一批学生，大部分出生在1980年。近几年，随着国家政策的放开，很多人有了二宝、三宝。他们自己是独生子女，跟兄弟姐妹相处的经验不足，自己建设多子女家庭的过程也磕磕绊绊，生出了许多故事。作为局外人，我记录了一些兄弟、兄妹、姐弟、姐妹之间的对话。通过这些对话，我们可以观察到不同家庭生态系统的特点及变化，颇为有趣。

“你对弟弟好一点儿，他还小。”

“谁让他那么讨厌，该揍！下次这样，我还揍他。”

姐姐自尊心强，功课、运动、艺术样样都好。弟弟生来顽皮，只爱运动，不爱学习。姐姐对弟弟很严格，而且没有分寸，家里人只好趁着弟弟睡觉，小声跟姐姐商量，请她对弟弟好一些。姐姐却置若罔闻，一切照旧。

“二宝，你给我过来！”

“好的，马上。”

姐姐自理能力强，凡事自己做主且能安置妥当。妹妹依赖性强，快上小学了，还不认识几个字。姐姐教妹妹阅读儿童诗，妹妹小心翼翼，学得很快。爸爸一旦接替姐姐的工作，妹妹立刻耍赖罢工。

“打开？”

“嗯。”

双胞胎哥哥和妹妹，建立了自己的小世界，他们一起画画、一起下棋、一起拼装玩具，爸爸妈妈很难走进他们的世界。兄妹俩默契得不需要过多的语言交流，家里安安静静的，两个孩子的语言能力发展得都不太好。

“赶紧舔一口，流汤了。吃个冰棍儿也磨磨叽叽的。”

“你说怎么做，我就怎么做。”

哥哥对弟弟没耐心，处理问题的方式简单粗暴，急了就上手。弟弟担心哥哥不喜欢自己，只要哥哥下令，立即执行，不打一点儿折扣。爸爸妈妈觉得哥哥“管用”，不干预哥俩的相处模式。哥哥恃宠而骄，弟弟胆小懦弱。

在我们的文化里，“长门长孙”被赋予家族重任，长子、长女在家庭中往往受到更多的关注和重视，他们在家庭生态系统的建设中起着极为重要的作用。如何通过合理的干预，帮助长子、长女形成合理的身份认同，帮助孩子们建立良好的互动模式，促进家庭生态环境的良性发展？戏剧教育是个有效的办法。

## 理解、复盘家庭生态系统

一般来说，家庭生态系统包括家庭环境子系统、父母子系统和儿童子系统。各子系统的联动方式会对儿童的未来发展产生重要的影响。家庭会通过环境、成员、成员与成员之间的关系，发挥其社会功能。一个具有良好生态的家庭，成员之间能够彼此陪伴、支持，亲子关系良好，整体氛围都是健康向上的。

☆☆☆

根据华东师范大学心理学系桑标、席居哲等人的研究，家庭生态系统包括父母、儿童、家庭环境三个子系统。其中，父母子系统主要包括父母的文化水平、父母的职业以及父母的教养方式等；儿童子系统包括儿童的性别、年龄、个性等；家庭环境子系统包括家庭社会经济地位、家庭类型、家庭社会与环境特征等。

☆☆☆

家庭环境子系统中的基本因素，在短时间内不容易发生变化。家庭环境质量的提升是一个长期工程，需要全体家庭成员共同努力。

父母子系统主要是指父母的教养方式。情感温暖的教养方式表现为良好的亲子关系：父母对子女的保护程度适中，既能为子女提供必要的支持，又不会因过度保护而压缩了孩子自主成长的空间；父母能够最大限度地减少孩子的焦虑感，增加孩子的安全感，有利于孩子独立性和自主性的发展。这种理想状态下的教养方式，需要父母通过学习逐步建立并调适，它可以被视为父母自身成长和发展的过程，也可以说是一种“无限趋近”的状态，只有更好，没有最好。

过去，在我国，儿童子系统长期关注的是独生子女的气质类型和性格特点。在国家政策调整后，我们才开始关注多子女的关系建构。子女间的交往极为频繁，孩子气质、性格的形成“时不我待”。未成年子女并不能自觉调控自己的行为以建立良好的同胞关系。因此，如何合理地干预子女，帮助他们建立亲密友好的同胞关系，让各个子女在这种关系中心理健康、阳光乐观，用良好的状态度过成长的各个关键期，是当代家庭迫切需要解决的问题。

我们可以从以下三个方面复盘家庭的儿童子系统。

首先是子女的年龄差。0 ~ 3 岁是相对理想的子女年龄差。此时，长子女独生子女的身份尚未完全固化，比较容易接受和适应新的家庭角色和家庭任务。孩子“天然”觉得自己应该有弟弟或妹妹，因此在弟弟、妹妹出生后，他们的心理变化较小。如果子女间的年龄差在 4 ~ 7 岁，那么子女建立良好同胞关系的难度会比较大，不过大多长子女没有抗拒心理，只是比较难接受。一般来说，年龄越大，越难接受。如果子女间的年龄差在 8 ~ 13 岁，长子女就很容易产生抗拒心理了。他们正处于学龄期，或者刚刚进入青春期，活动范围逐渐扩大，接触和需要处理的社会关系越来越复杂，随之而来的学业压力、人际压力、社会化进程中的适应性压力逐渐增加，本身就容易焦虑，容易有一种不安全感；加上独生子女身份的固化，他们难以适应家庭成员和自身角色的变化。

其次是孩子的性格特点。多血质和黏液质的孩子，相对容易建立亲密关系。他们即便因为年龄差难以接受家庭新成员的到来，难以适应家庭赋予自己的新责任，也大多会因为自身的性格比较快地跟共同生活的弟弟妹妹建立亲密关系。这种亲密、依恋的关系，能够帮助长子女自主建构和逐步形成安全的内部工作模式[①]。在同胞亲密关系的中介作用下，长子女对新的家庭关系比较容易形成正向的看法，采用积极的情绪管理模式和行为应对方式。

最后是家庭观念对子女性别和排行顺序的定式思维。一个朋友家的小男孩，因为喜欢粉色被长辈训斥：“男孩子怎么喜欢这个颜色？”在传统的家庭观念里，男孩子需要力气大、有胆量，遇事应该冲在前面，敢于承担责任，应该喜欢严肃深沉的冷色调；女孩子需要温和、甜美、懂礼貌、性格柔顺，应该喜欢鲜艳明亮的暖色调。当代社会，男女平等的意识已经被广泛接受，但在一些人的深层心理中，依然会为不同性别的孩子打上“标签”。我个人觉得，除非孩子出现性别认同障碍的倾向，家长不需要对孩子喜欢的颜色和物品刻意做出体现性别差异的规定，以免使不同性别的孩子产生“我和别人不一样”的误解。同理，也不要刻意强化子女之间的长幼次序，并以此强调各个子女的角色差异。学生家的二宝出生以后，大宝暂时交由爷爷奶奶养育，只要两个孩子产生冲突，爷爷总是要求大宝“让着”二宝。大宝的“姿态”虽然能规避眼前的冲突，却产生了新的问题——二宝逐渐认识到大宝必须“让着”自己，于是想当然地认为全家都应该服务于自

---

① 是儿童对自我、重要他人和人际关系的一种稳定认知，是在儿童与父母行为交互作用的过程中发展起来的，对儿童未来的人际关系有长期的影响。最早由英国心理学家鲍尔比（Bowlby）提出。——编者注

己。然而，将来他总会遇到一些重要而紧急的事情，不能任性而为，那个时候，家长就再也无法通过“让着二宝”来化解冲突了。

3分钟|工作坊

## 复盘家庭生态儿童子系统

下面的问卷，能帮你了解家庭生态儿童子系统的情况，请如实填写。

1. 家中子女的数量：______

2. 子女之间的年龄差：______

3. 简单描述不同子女的性格特点：______

______

4. 据你观察，各子女之间存在的最大问题是什么？请举例说明：______

______

______

5. 回顾你和家人平时对子女的教育，你觉得哪种做法可能引发了子女间的问题？______

6. 请站在不同子女的角度，分别用一个词概括他们的真正需求：______

______

# 多子女教养：了解子女间的同胞关系

随着我国“两孩”“三孩”政策的先后出台，“同胞关系”成了家庭教育关注的热点。综合相关研究，我们可以为“同胞关系”下一个定义：两个或两个以上同胞之间，从意识到彼此的存在开始，以各种方式形成的互动关系。比如，同胞共同参与家庭与社会活动，分享感受、信息、观念、信仰等。同胞关系在时间跨度上大多超过了亲子关系、婚姻关系，是一种无法选择也无法中止的强制性人际关系。

辈分形成的纵向关系和排行形成的横向关系相互交叉、渗透，使同胞关系兼具了亲子关系和同伴关系的功能，影响着儿童的情感发展与社会认知，成为儿童处理社会关系的心理起点，甚至可以影响儿童未来的人生发展。同胞关系具有持久性和亲密性，其复杂性和重要性不言自明。积极的同胞关系有助于发展儿童良好的情绪管理能力，增加儿童的社会适应性，降低儿童出现心理问题的风险，有利于儿童自尊、自爱、自立、自强，让他们在未来更可能成为生活满意度较高的体面劳动者。消极的同胞关系则增加了心理问题出现的可能性。有研究表明，童年时代消极的同胞关系是成年抑郁症的预测因素之一。

根据既往的研究成果，同胞关系主要表现为同胞温暖、同胞冲突和同胞争宠等形式。

同胞温暖，主要是指同胞间友爱、亲密、崇拜、忠诚、照顾、谦让、相互依恋和欣赏等行为表现。我国的家庭文化强调伦理关系，重视血缘联结，带有集体主义的行为特点。这种文化观念为同胞温暖打下了良好的文化基础，使得家长更加重视建立兄弟姐妹相互依赖、团结互助的家庭规范。这种家庭规范让每一个家庭成员都能感受到被关爱，也使他们更愿意用同样的方式回馈他人。这显然有助于自我表达、社会支持、社会认知、情绪调节、合作相处等多种能力的发展，有助于形成更好的心理健康状况和更高的主观幸福感。

同胞冲突，包括同胞间对抗、竞争、争执、争斗等行为表现。子女的思维方式、行为特点不一致、不相容，又不得不长期共处，他们往往就会出现敌视情绪和攻击行为。学界将同胞冲突分为建设性冲突和破坏性冲突。建设性冲突可以被视为适应他人个性特征的过程，即学习如何与异质性个体相处，此过程中需要的坚持、妥协、第 3 选择思维方式等，能够锻炼协调沟通、解决问题的能力，这些能力有助于儿童将来迎接新的社会关系。破坏性冲突则会导致负面影响。或许是因为生活范围的相似度比较高，同胞间的年龄差越小，越容易发生冲突。

---

美国管理学大师史蒂芬·柯维著有《第 3 选择：解决所有难题的关键思维》一书，他在其中提出了“第 3 选择”的概念。

第 1 选择是“我的方法”，第 2 选择是“你的方法”，第 3 选择是“我们的方法”。第 3 选择是一种视角更高、更能化解冲突、追求共赢的方法。它要求我们达成协同，寻求对双方更好的解决方案。

☆☆☆

同胞争宠，源于子女感知到家长偏爱的程度，这种偏爱又被称为“差别对待”或“区别对待”。在多子女家庭中，由于家庭资源和个性特点等原因，子女们的教养环境通常有所不同，主要表现在物质投入、情感互动和教养方式等方面。子女感受到家长的差别对待，认识到自己与其他子女之间的不公平，更可能产生嫉妒心理，出现竞争行为。

同胞争宠是引发同胞冲突的原因之一。家庭新成员出生后，子女首先要面对母亲被占有的问题。为了引起母亲的注意，他们甚至会出现行为退化、过度活动等现象。此时，母亲的处理策略对同胞争宠和同胞冲突的化解起到了决定性作用。有研究表明，母亲处理同胞冲突的方式，直接影响了同胞之间处理冲突的方式。

家长以子女为中心处理同胞冲突时，可以根据实际情况，分别采取“主动不介入”和“主动介入”两种方式。当子女产生冲突并且冲突在多方的主导下向着良好的方向发展时，家长可以选择“主动不介入”，静待冲突解决，然后再表扬冲突解决过程中高姿态、会沟通的一方，以此帮助子女认识到：在解决冲突的过程中，积极的态度和良好的沟通是非常重要的。在子女无法自行解决冲突的情况下，家长应该采取“主动介入”的方式，帮助子女建立良好的沟通，让每个子女都能纾解自己的情绪；家长也应该赋予子女解决问题的责任，共同探究冲突的根源，关注冲突结束的过程，引导子女进行反思。

☆☆☆

儿童心理学家研究发现：以儿童为中心的“调解”策略，是干预同胞冲突效果最好的方式之一，调解分为以下四步。[①]

第一步：调解人制订基本规则和行为准则，以减少冲突升级和敌对的可能性。

第二步：调解人在调解过程中发现冲突的问题。只有明确问题，集中讨论，冲突双方才能在解决问题上取得进展。

第三步：调解人试图促进相互理解并在冲突的双方之间建立移情。

① 屈国良，曹晓君．同胞冲突及其解决：家庭子系统的影响 [J]．心理科学进展，2021，29（2）：288.

**第四步：调解人鼓励冲突的双方提出可能的解决方案，并从中选择双方都能接受和实现的解决方案。**

☆☆☆

无论“主动介入”还是“主动不介入”，家长都应该选择恰当的方式和时机。如果家长习惯于使用处罚、威胁或强制年长的子女礼让等控制策略，而缺少还原真实情况的过程，没有给子女自己处理冲突的机会，那么同胞冲突可能会被激化，引发子女的极端行为。如果家长一味采取回避的态度，在同胞冲突时始终“主动不介入”，任由冲突恶化，那么家长不仅失去了教养子女的重要机会，还可能对子女的身心发展产生负面的影响。

需要注意的是，家长要对同胞冲突的原因、可能的发展趋势做出准确判断，做出评估，只有认为子女具备正确解决冲突的能力，才可以“主动不介入”，将同胞冲突转化为对子女发展有帮助的学习机会。在冲突解决的过程中，年长的子女能够为年幼的子女提供安慰与照顾，提供解决问题的办法，提供精神上的支持，这能够提升年长子女的情绪表达能力、问题解决能力和道德推理能力，使他们逐渐成为年幼者的指导者与学习榜样。年长子女也会在这个过程中反思自己的思维与行为方式，尝试不同的沟通技巧和处理策略，全方位地获得成长。

在关于家庭生态环境的研究中，有两个重要的理论假设：“溢出假设”和“补偿假设”。溢出假设认为：家庭生态环境的三个子系统相互影响，其中一个子系统的关系会影响其他子系统的关系，在一个子系统中形成的行为和习惯会“外溢”到其他子系统中。补偿假设认为：在一个子系统中缺失的情感或行为，会在其他子系统中寻求补偿。

依据这两个理论，父母子系统在家庭生态环境中或许是最为重要的。良好的婚姻状况能为孩子提供更为适宜的协同教养环境，子女也更容易从父母那里获得悦纳他人的能力，这更有利于建立温暖亲密的同胞关系。同理，积极的亲子互动、平等的家庭氛围，也能够促使同胞关系朝着温暖、和睦的方向发展。

3 Minutes 分钟 | 工作坊

## 我家的同胞关系

下面的问卷，能帮你了解子女间的同胞关系，请如实填写。

**1. 从总体来看，你的孩子们长期处于同胞温暖、同胞冲突和同胞争宠中的哪一种状态？请举例说明：**______________________________

______________________________

______________________________

2. 如果你的孩子们长期处于同胞温暖的状态，请总结一下你和家人做对了哪些事：________________________________________

________________________________________

________________________________________

3. 如果你的孩子们出现了同胞冲突，你和家人是怎样解决的？请举例说明：________________________________________

________________________________________

________________________________________

4. 如果你的孩子们出现了同胞争宠，你认为主要原因是什么？未来你和家人需要注意什么？________________________________________

________________________________________

________________________________________

## 家庭戏剧活动大有可为

同胞关系在儿童社会化的过程中，具有较大的影响作用。同胞温暖不会减少同胞冲突和同胞争宠，同胞冲突和同胞争宠也不会降低同胞温暖的水平。良好的同胞关系，可以追溯到父母的婚姻关系，也取决于父母的教养方式。儿童心理发育的关键期，等不及家庭生态环境进行长期建设，我们要做的是正确分析同胞关系的现状，根据不同的情境设计家庭活动，化解子女的不良情绪，进而帮助子女形成主动化解冲突的意识和能力；在此过程中，让子女感受到家庭成员为他们的成长做出的努力，获得更为安全的心理环境；家庭成员共同努力，创造温暖的教养方式与同胞关系。

能够促进同胞关系良性发展的方式有很多，实践证明，戏剧教育具有良好的效果。

戏剧教育，就是用戏剧的方式实现教育的目的，运用戏剧元素和戏剧技巧，让参与者在互动关系中，身临其境地发挥想象，表达思想，获得美感体验，提高认知水平，增进智能和技能的发展。目的明确的戏剧活动，能够为孩子提供丰富的情境，让孩子通过行为动作学习知识，达成理解，引发反思，找到解决问题的办法，进而发现更为丰富的生活场景，创造出戏剧的全新意义。

戏剧以模拟为本质，模拟以扮演为核心。戏剧教育以扮演的方式，引导儿童代入角色，超越时空、年龄和性别，体验人物的情感，思索生命的内涵。家庭中的戏剧教育通常以某个文本为核心，通过戏剧表演，帮助孩子回应、体会、演绎、反思，使他们带着感情学习，受到真实的触动。

戏剧教育的文本与孩子面对的真实生活，要在内涵上一致，在表现形式上“陌生”。在我的推荐下，老师们将《十岁那年》《一百条裙子》改编成了戏剧，借助它们，帮助学生理解群体交往的方式，理解尊重的内涵。

3 Minutes 分钟 | 工作坊

## 推荐戏剧教育文本

根据你对家庭生态儿童子系统的认识，你会选择一个什么样的文本，开展家庭戏剧活动呢？请分享文本和你的理由。

“《青蛙和蟾蜍》。两位主人公性格差异非常大：青蛙讲规则，讲究生活质量，活得明明白白；蟾蜍生活没规律，随心所欲，过得糊里糊涂。两个好朋友在一起，发生了很多有趣的故事。我想让我的两个孩子知道：只要彼此相爱，不同性格的人也能相处得很好。”

“《草房子》。桑桑原来特别嫉妒杜小康，因为杜小康家境好，功课好，能找来供全班劳动的工具。因为嫉妒，桑桑处处找杜小康的麻烦，但他自己并没有意识到。我觉得把这样的内容表演出来，可以让孩子了解嫉妒是怎么产生的以及人在嫉妒的时候容易做出错误的事情。”

“《亲爱的怪物先生》。加布列尔因为疾病，被困在自己的房子里，外面的人不了解他的生活，把他称为‘怪物’。阿贝尔偶然走进了加布列尔的房间，了解了他的故事，他们成了朋友。我希望孩子通过表演这个故事，变得悦纳自己，愿意了解他人。”

“《时间商店》。小说的主人公李允儿为了能考第一名，用一块从时间商店购买的魔力手表，在考试的时候购买了十分钟的时间，代价是要出卖自己快乐的记忆。我希望孩子能在表演的过程中，体验到失去快乐记忆的痛苦，认识到什么才是最宝贵的东西。”

…………

**请在这里写下你的答案：**______________________________

______________________________________________

______________________________________________

______________________________________________

阅读和表演是相辅相成的。阅读这些书的时候，孩子获得的信息更为全面；截取一个片段进行表演，孩子则更容易在图书和生活之间建立联系，受到真实的触动，产生改变的愿望。

家庭戏剧活动的形式比较多样，下面是一些简单便捷的操作策略。

### » 独白

独白就是一个演员在舞台上，把角色的思想、感受、心理动机、种种挣扎如实地告诉观众，从理智与情感的角度，探索单一事件或主题。家长可以与孩子一起探索文本中人物的内心世界，深入理解人物的所思所感，引导孩子形成自己的看法，以此为基础撰写剧本。表演的时候，可以设置一个追光灯，让孩子体验到舞台上只有他一个人，他将瞬间变身为主人公，沉浸在角色之中，讲述自己的内心感受。

### » 定格

定格要求表演者展现某个事件、情景的定格画面或者某个人物的定格动作、表情。通过定格，表演者可以细致分析人物的内心世界。家长可以采用“思路追踪”的方法，讲述事件的发展过程或人物动作的变化过程，在某个时点“凝固”画面，让孩子用定格的方式呈现自己的理解。随后，让孩子在定格状态下，用第一人称说出心里的想法。这样可以减缓节奏，让孩子拥有更多的思考时间。这个活动在化解同胞冲突时，会有很好的效果。家长先了解冲突发生的过程，在关键节点让孩子“凝固”画面，在一种表演的情境中，孩子更容易说出自己的真实想法。家长还可以在戏剧场景中提出动作改编或者情境改编的要求，引导孩子进行不同的情感体验，用不同方式解决问题。

### » 朗读剧场

朗读剧场就是分角色朗读，要求家长和孩子熟悉文本，根据文本的要求调整语气、语调。孩子在家长的配合下“身临其境”，能够对文本产生更细致、更深刻的理解，进而建立文本与自身的关联。

### » 日记信札

日记信札是根据文本形象的特点，选择一个角色，在他的某个重要时间节点写一篇日记，或由他给另一个角色写一封信。家长跟孩子一起完成创作的过程，就是亲子阅读的过程。将写好的日记或信札朗读出来，能加深原有的体验，孩子也更容易联系自己的生活场景和生活体验去理解文本。

### » 角色会议

角色会议是选择文本中的几个角色，确定一个话题召开会议。由家庭成员分别扮演这些角色，根据这个话题展开讨论，每个人的发言都要符合角色的特点。家长要有意识地选择孩子喜欢的角色，跟孩子协商一个贴近他自身生活和思想的话题，通过角色的语言，传递教育内容。

组织家庭戏剧活动时，家长一定要隐藏教育目的，让活动看起来像一场游戏。家长只是游戏的设计者，因此不能“出戏”，不能跳出戏剧角色，不能对孩子说教。当孩子通过戏剧表演受到触动、有所思考时，家长要懂得“见好就收”，这样才能真正达到教育目的。另外，戏剧活动不能只针对同胞关系进行设计，它更应该成为家庭活动的一部分，成为每个家庭成员共同参与的事件。家长可以根据家庭戏剧表演的需要，购买一些背景板、服装、道具等，增强戏剧活动的现场感，以提升教育效果；也可以定期举办“家庭戏剧节”，借助舞台表演的仪式感，让孩子更愿意参与家庭活动。

3 Minutes 分钟 | 工作坊

### 本章学习要点回顾

在学习这一章的过程中，你形成了什么样的新认识？

“头一回知道，原来还有‘家庭生态系统’这回事。”

“戏剧表演也是家庭教育的一种方式。”

“按照老一辈的观念，老大让着老二就是天经地义的。今天才知道，这其实是一种对老大、老二都很‘危险’的行为。”

“面对孩子们的冲突，不一定要‘主动介入’，有时候也可以根据情况，选择‘主动不介入’。”

…………

**请在这里写下你的答案：**________________________________

________________________________________________

家庭是儿童社会化的起点，家庭生态系统对儿童的心理发展具有极其重要的意义。其中，父母子系统的意义最为重大。父母作为家庭环境的主要营造者，应该充分发挥作用，用恰当的教养方式，引领孩子化解冲突，让孩子安全、自由地长大。在这个过程中，戏剧活动完全可以成为家庭教育的利器。

今天回家后，你最想做的一件事是什么？

“抱抱两个女儿，问问她们今天一起做了哪些事。”

“跟孩子一起挑选一个故事，花一周的时间把它改编成戏剧，表演出来。”

“和爸妈、老公分享这次工作坊的收获，复盘一下我们平时在教育两个孩子的时候存在的问题。”

…………

请在这里写下你的答案：________________________________

________________________________________________

________________________________________________

## 本章要点

家庭生态系统对孩子的成长来说至关重要。随着“两孩”“三孩”政策的先后出台，多子女家庭的数量明显增多，子女之间的关系建构也慢慢进入人们的视野。对孩子来说，同胞关系是他们进入社会前的人际交往演练。同胞之间既有温暖的时刻，也会有冲突和争宠的现象。家长应当以孩子为中心，根据不同的情况，选择恰当的方式去处理子女之间的冲突，帮助他们获得成长。

在家庭生态系统的建构过程中，戏剧活动是一种非常有效的教育方式，它能帮助孩子加深对生活的体验，反思自己的行为，更好地认识自己、理解他人，从而巧妙地化解亲子、同胞之间的冲突，实现家庭生态系统的良性发展。

## 语文学习家庭支持清单

请在你做到的事项前打“√”，并为自己打分。

- ■ **和家人一起，复盘自己的家庭生态系统** ★★★★★
- ■ **和家人一起，分析孩子们的同胞关系** ★★★★★
- ■ **用恰当的方式，处理孩子们的冲突** ★★★★★
- ■ **和孩子一起选书、编写剧本、进行戏剧表演** ★★★★★
- ■ **指导孩子用独白或定格的方式，进行戏剧表演** ★★★★★
- ■ **和孩子一起创设朗读剧场，分角色朗读文本** ★★★★★
- ■ **指导孩子以剧中角色的身份撰写日记信札并朗读出来** ★★★★★
- ■ **和孩子一起确定话题，召开角色会议** ★★★★★

第三部分

# 阅读习惯养成

整本书阅读对孩子的成长具有独特的价值。整本书的信息量大，孩子不能在短时间内完成阅读，而需要整体规划阅读时间，这有助于他们养成制定规划的良好习惯。整本书的内容相对复杂，孩子需要建立信息与信息、信息与世界、信息与自身的多种关联，才能有所收获，这又不断挑战、提升着孩子的思维能力。阅读是借助他人的生活体验丰富自身生活体验的过程，也是借助他人的审美视界拓展自身审美视界的过程，在丰富和拓展的过程中，孩子能找到生命中的“重要他人”，并从榜样身上汲取力量。

第七章

# 做好整本书阅读，培养时间管理达人

☆☆☆

时间管理能力强的人，能以有序的状态稳步达成目标。

☆☆☆

刚刚调到新单位时，被单位领导问起是否适应，我回答说：“还没找到节奏。”领导露出惊诧的表情，他难以理解我对生活节奏的苛求。是的，我必须在自己舒适的节奏中，才能高效地生活和工作，否则就会心情烦乱。

虽然我的工作量很大，每年有近百场讲座，上课、听课、下校、做课题、写论文，与老师们交流，向长辈们请教，参加开题、答辩和学术会议……我经常要“连轴转”，但是我不觉得累，我为这些工作找到了合理的规律，按照我自己实践、研究的逻辑去推进，几点起床、几点看书、几点写东西，都有相对固定的安排。

连续的工作产出连续的成果，让我清清楚楚地知道自己一天天向着期望的方向走去，那种感觉是很美妙的。按照自己的节奏生活、工作，一切都在自己的把握之中，极少有“临时起意”带来的焦虑，即使偶尔节奏被打乱，我也能很快调整好，一切对我来说就像“循环播放的单曲”，似乎从未中断，却也不让人觉得单调。

在我的世界里，事情可以做完了却得不到肯定，文章也可以写完了没地方发表，甚至可以完成了长久地放在那里，就是不能“完不成”。看着每一件事平稳地在轨道上运行，看到自己经过各种磨砺后长了本事，不管做完了多大的事情，我总会有成就感。一次次的成就感累积起来的是自信，是底气十足，是对未来即将开始的一切充满信心。我认为这是一种良好的人生状态——自我价值的实现感强，能够热情而勇敢地接受合理的挑战。

遇到因着急赶活儿而急得生病的朋友，我虽然能理解，但是不能接受。分配任务时就说明了工作周期，就该按照时间节点合理地安排节奏，何至于“赶”呢？我通常是从接受任务的第一天就“开工”了：安静地思考整体的工作结构，在笔记本上画一张规划图；到达工作地点早了，列一个提纲，梳理各项内容的要点；临睡前，整理一下最近收集的相关资料……每天总有一点儿时间分配给这项工作。然后，确定一段相对空白的时间，整理初稿；再确定一段相对空白的时间，完成定稿。通常，一篇文章从接到邀约到发出“齐清定”的稿件，需要四五个月的时间。在这段时间里，这篇文章就一直在我脑子里，直到点击“发送”键。

我确实很忙，却忙而不乱，这很大程度上得益于我的时间节奏匀称。毕竟，让人感觉疲累的不是工作，而是凌乱。再忙再累，只要节奏匀称，心就不累。说到底，关键还是节奏。

3 Minutes 分钟 | 工作坊

## 体会生活的节奏

我认为，在生活上，节奏是一种有规律的、连续进行的发展方式，因为有规律，我们感觉可控、安全；因为连续，我们能够看到不断发生的变化。你认可这种观点吗？关于“生活的节奏”，你有哪些经历、体会呢？

“我可太同意了。不管工作还是生活，我都必须有计划、有规律。每天上班，我需要在7:00出门，坐上7:15的地铁，虽然到公司的时间不会太早，但是也绝不会迟到，刚刚好。我家的东西都是分类收纳的，一家人也养成了用完东西放回原位的习惯。全家出游，我总是那个做攻略的人，东西肯定会带齐，不可能出现临时要找什么找不到的情况。”

“我是一个‘车到山前必有路’的人，所以不太做计划，总是随心所欲。后来有了孩子，尤其是孩子上学后，我发现这样下去已经跟不上孩子的生活节奏了。学校要求带这个、准备那个，我经常会忘记。孩子慢慢知道我‘靠不住’，所以靠自己的时候更多。他刚上二年级，我看他已经比我有计划了。”

“我最近的生活节奏就被打乱了。因为搬家，东西还没收拾好，找什么都找不到，屋里乱七八糟的，很烦躁。新家离单位更远了，路线还不太熟悉，开车总堵，迟到了好几回。孩子也刚刚上学，学校每天都有一堆事儿。我真是要‘爆炸’了。我也想回归有规律的生活，也不知道什么时候才能调整过来。”

…………

**请在这里写下你的答案：**________________________________

________________________________________________

________________________________________________

________________________________________________

生活节奏并不是一成不变的，我们需要根据生活的实际调整、变换节奏，这样才能更好地适应不断变化的社会生活。能够调整好节奏的人，通常具有超强的时间管理能力。

## 提升孩子的时间价值感，养成时间管理习惯

时间管理能力强的人，其时间价值感通常也很强，对自己在多长时间内完成多少事情有清醒的认知，能够通过反思自己的时间运用，探索增加单位时间产出的方法，持续发展为工作效率高、自我效能感强的人。

孩子通常不能准确估算自己完成任务的时间——“我 10 分钟就能完成”“我最多用 15 分钟”——他们并非有意高估自己、低估任务，而是尚未形成准确的时间概念。出于职业的关系，我对 45 分钟、60 分钟、90 分钟、120 分钟各能讲多少内容，甚至各需要多少张 PPT 都能做出准确的判断，通常没有偏差，这是因为这些都是我经常使用的时间长度。曾经有个活动要求我发言 20 分钟，我特意提前找感觉，试了好几次，才能将一个整体性较好的发言压缩到 20 分钟以内。孩子通常不能准确地估算时间，他们可能因此产生“我真笨”“反正也完不成，索性不干了”等心态，这容易导致拖延、缺乏自控能力等心理问题。

要帮助孩子养成良好的时间管理习惯、提高时间管理能力，家长要先为时间管理能力强的人“画像”。如果家长本身就是一个时间管理能力强的人，已经能给孩子做出良好的示范，则需要注意：时间管理能力强的人也可能培养出有拖延症的孩子。因为在生活中，孩子怎么做可能都达不到家长眼中“合格”的水平，只好选择放弃。反过来，时间管理能力弱的人，也有可能培养出

做事效率高的孩子——因为孩子不想成为家长那样的人。

时间管理能力强的人，通常有三种典型表现。

### » 做事专注

专注就是专心注意，这里的“注意”是一个心理学概念，是指心理活动对一定对象的指向性和集中性。“指向性”是指心理活动会选择一些对象，而离开其他对象；“集中性”是指将较高的紧张程度，停留在被关注的对象上。无论选择注意的对象，还是在注意对象上能停留的时间长度，都与对象的特点和人的心理素质相关。大人口中的“孩子的智力水平高”，是指注意力、记忆力、观察力、想象力、思维力五个基本因素的整体水平高，其中，注意力是其他四个因素的准备状态。人在同一时间内，不能感知很多对象，只有在感知环境中有所选择，才能获得对事物完整、清晰、深刻的反应，在此基础上实现深刻的思考。

“注意”有四种品质：稳定性、广度、分配和转移。注意的稳定性，是指在一段时间内把注意稳定地集中在某个对象上的能力。老师常说孩子“听课质量高”，大多是指孩子注意的稳定性好。注意的广度，也就是范围，是指在一段时间内能够清楚地觉察或认识的对象的数量。如果以眼动一次为计时单位，广度可以理解为能够看到的字数——看到的字数越多，广度越大。注意的广度可以通过训练扩大。注意的分配，是指在多种活动进行中的注意力分配，比如孩子一边阅读一边圈画重点，一边阅读一边听音乐。注意的转移，是指根据目标，自觉将注意从一个对象上调整到另一个对象上，这是思维灵活性的体现，也是能够快速获取、加工信息并形成判断的基础。举例来说，若孩子读书读到喜欢的部分，跑过来和家人分享，然后再回去阅读，就等于完成了两次注意的转移。孩子在日常生活中，通常不能长时间只做一件事情，因此注意的转移和注意的稳定性具有同等重要的作用。

### » 排序合理

在计算机的操作系统中，“优先级”是一个重要概念。不同的“作业程序”被设置了不同的参数，标识出它接受系统资源的顺序，这就是“优先级”。计算机会根据参数指定的优先级，决定处理作业程序的顺序。在处理进程中，优先级低的作业程序可能会被高一级的作业程序中断操作。生活中典型的例子是电梯运行的优先顺序——顺向优先，绝大部分电梯都是先往一个方向（向上或向下）运行，直到停留在该方向上有人要乘坐电梯的最后一层，然后返回，响应反方向的要乘坐电梯的人。优先级能够确保系统运行的效率。

生活中的优先级虽然没有企业管理那么严格，但形成优先级意识、有序安排自己的各项活动，能为良好的生活打下基础。

排序是否合理，取决于孩子的性格特点。要强的孩子，通常会把最不重要的事情放在最前面，因为最重要的事情无论如何都要完成，自己有充分的理由坚持下去。对于焦虑水平高的孩子，家长应该提醒他们按照“重要且紧急、重要但不紧急、紧急但不重要、不重要且不紧急”的顺序执行，以减少任务焦虑。合理的顺序通常不需要调整，但也要预留调整的空间，让孩子懂得变通的道理，认识到变通的合理性和必要性。排序涉及“短期”和“长期”两类，前者可能是半天、一天，后者可以是一周、一个月甚至一年。排好的活动顺序最好让孩子记录下来，让孩子看见各个事项完成的过程，增加成就感，提振自信心。

### » 讲究统筹

华罗庚的《统筹方法》是语文教材的传统选文，它介绍了一种常用来安排工作进程、实用性很强的数学方法。

> 想泡壶茶喝。当时的情况是：开水没有。开水壶要洗，茶壶茶杯要洗；火已升了，茶叶也有，怎么办?
>
> 办法甲：洗好开水壶，灌上凉水，放在火上，在等待水开的时候，洗茶壶、洗茶杯、拿茶叶，等水开了，泡茶喝。
>
> 办法乙：先做好一些准备工作，洗开水壶，洗茶杯，拿茶叶，一切就绪，灌水烧水，坐待水开了泡茶喝。
>
> 办法丙：洗净开水壶，灌上凉水，放在火上，坐待水开，开了之后急急忙忙找茶叶，洗壶杯，泡茶喝。
>
> 哪一种办法省时间，谁都能一眼看出第一种办法好，因为后二种办法都“窝了工”。

这是小事，但这是引子，引出一项生产管理等方面有用的方法来。①

“群试”是统筹方法的典型应用，它始于 1943 年第二次世界大战期间。美国征兵时需要验血，以防止某种疾病传入军队。这种疾病的发病率约为 1%，为了一个人，需要把 100 个人的血逐个化验一遍。为了减少化验次数，军医道夫曼决定把一群人的血液放在一起，集体化验，假如没有问题，就一次通过，如果有问题，再分几组重新检验。这种方法大大提高了化验的速度。

统筹方法的核心是在保证质量的基础上提高速度，它是一种科学的组织管理方式。孩子的生活被活动切分成了若干个时间组块，管理这些组块就需要用到统筹方法。我们常说要用好“零碎时间”，实现人生的增值，这也是从统筹方法的角度说的。

3 Minutes 分钟 | 工作坊

## 寻找时间管理达人

请你按照实际情况填写调查问卷，评估自己的时间管理能力。

① 华罗庚．统筹方法平话及补充［M］．北京：中国工业出版社，1965：1.

1. 你在工作时，集中注意力的程度怎么样？

A. 很好　B. 一般　C. 不太好

2. 你在工作时，容易被周围的声音打扰吗？

A. 不容易　B. 一般　C. 很容易

3. 如果你一边工作一边听音乐，能保证工作效率吗？

A. 能　B. 还可以　C. 不能

4. 你的阅读速度怎么样？

A. 比较快　B. 一般　C. 比较慢

5. 你在阅读时，能从书中的内容联想到其他事吗？

A. 经常　B. 有时　C. 很少

6. 你对自己的生活有长期规划吗？

A. 有　B. 不确定　C. 没有

7. 你做事有制订计划的习惯吗？

A. 有　B. 有时有　C. 没有

8. 在做一件事之前，你会把可能用到的东西提前准备好吗？

A. 会　B. 有时会　C. 不会

9. 你能按照轻重缓急安排生活或工作中的各项事情吗？

A. 能　B. 有时能　C. 不能

10. 对不同的事，你能分配恰当的时间吗？

A. 能　B. 有时能　C. 不能

11. 你能使用统筹方法合理安排时间同时做几件事吗？

A. 能　B. 有时能　C. 不能

12. 你会忘记重要的事吗？

A. 基本不会 B. 有时会 C. 经常会

13. 你会迟到吗？

A. 基本不会 B. 有时会 C. 经常会

14. 你有过在任务到期之前拼命赶工的经历吗？

A. 基本没有 B. 有时有 C. 经常有

15. 你是否会感到时间紧迫或不够用？

A. 不会 B. 有时会 C. 经常会

16. 你有“琐事缠身”的感觉吗？

A. 没有 B. 有时有 C. 经常有

17. 你认为自己有“拖延症”吗？

A. 没有 B. 不确定 C. 有

**请在这里写下你的答案：**____________________________

做完全部题目后，请按以下标准计分：选 A 计 5 分，选 B 计 3 分，选 C 计 1 分。计算自己所得的总分。总分在 40 分以下，说明时间管理能力比较弱；总分在 40 ~ 65 分，说明时间管理能力处于普通水平；65 分以上，说明时间管理能力比较强。

## 击碎散点式、碎片化、拼接型的阅读

为什么要阅读整本书？这在很大程度上，是由当代学生的阅读现状决定的。语文课堂上讲授的课文以单篇文章为主，阅读时间短、阅读目的单一，难以建构文章间的意义关联，散点式阅读的倾向比较明显。现代人在日常生活中的阅读，又常常要依托数码产品，以及微信、微博等新媒体阅读形式，这直接导致了阅读的碎片化。文化基础的形成需要长期的积淀，并且积淀要在长时间内达到一种稳定的状态。散点式、碎片化、拼接型的阅读，正在不断切割、打断、搅动学生的阅读状态。阅读整本书，是解决上述问题的方案之一。

从文化载体的角度看，整本书就像一幅画卷，全面地展现了彼时彼刻的社会生活图景，演示了文化特质形成和发展的过程，让孩子既能看到“这一点”，也能联系和“这一点”相关的若干点，了解“这一点”从哪里来，可能到哪里去。孩子浸润在整本书提供的文化场域中，能够吸纳更为丰富的文化信息，获得更为全面的文化印象，对特定文化场域形成完整的认识。

从认知过程的角度看，整本书提供的信息量大、信息链条完整、信息关联度高，因此在阅读过程中，孩子需要透过变化的现象发现不变的本质，体验不断建构、解构、再建构、再解构的循环；孩子需要借助联系思维，努力发现事物之间的关联，在对立中看到统一，在分离中看到渗透，形成新的认识和思考，树立事物间普遍存在联系的哲学观点；更为重要的是，随着整本书内容的展开，孩子能够体验到自身认识发展变化的过程，这种体验，又有助于反思性知识的形成与积累。

从阅读策略的运用看，整本书阅读更贴近日常生活的阅读状态。一个人选择读什么书、用什么方式读完一本书、用什么方式记录自己的阅读收获，都具有个性特点。阅读一本书时，人们并不都需要从头至尾认真读完，而要分类别、看需求，依照具体情况来选择阅读方式。如果不是厨师或专门的研究者，很少有人会精读一本菜谱，阅读菜谱的正常状态应该是检索自己想学做的菜，集中研读目前所需的局部内容。

阅读同一本书的不同部分，采用的阅读策略也不同。孩子需要依据阅读内容的特点，切换阅读策略，逐渐达到转换自如的状态，达到自由使用的程度。

☆☆☆

我在《培养真正的阅读者：整本书阅读之理论基础》一书中，专门用一章探讨了“整本书阅读的策略建构”，大致梳理了五种整本书阅读策略：内容重构、捕捉闪回、对照阅读、跨界阅读、经典重读。孩子在多种阅读策略的支持下才能找到阅读的门径，“阅读策略不是教出来的，而是学生在阅读过程中自主建构的……学生完成的是阅读活动，在活动过程中建构阅读策略，逐渐找到阅读的门径，形成个性化的读书经验”。[①]

☆☆☆

我们为孩子选择的整本书，大部分是经典作品，在文学价值之外，它们的思想价值也值得关注。经典具有两大特点：思想上的普适性和时间上的历时性。思想上的普适性，是指阅读者对书中的观点，无论同意还是不同意，都能从中受到启发。时间上的历时性，则是指名著的价值与影响力，不会随着时间的流逝、社会的变迁而丧失其承载的社会意义。“经典之所以为经典，是由于它以独特的无与伦比的方式触及、思考和表达了人类生存的基本问题，其深度和广度为后世难以超越，对人类具有永久的魅力。它能经受时间的考验而历久弥新。正是从这个意义上说，经典是没有时间性的，它永远不会过时。”[②] 美国永恒主义教育家艾德勒认为：名著就是指那些超越它们源起的地域和时间限制的著作，它们能以独特的方式提出人们必须面对而且经常发生的基本问题。经典的普适性和历时性，决定了它具有超越时空的思想价值。

---

① 吴欣歆 . 培养真正的阅读者：整本书阅读之理论基础 [ M ] . 上海：上海教育出版社，2019：53.

② 倪文锦 . 阅读经典：提高学生语文素养的必由之路 [ J ] . 课程 · 教材 · 教法，2004 ( 12 ) ：39.

## 整本书阅读中培养注意力的四个要点

阅读整本书需要的时间比较长，而且大多不能一次性完成，是培养孩子时间管理能力的良好方式。

阅读整本书，能够培养孩子注意的稳定性。一般来说，小学一、二年级的学生，能够集中注意力的时间大约是 15 分钟；三、四年级的学生集中注意力的时间可以达到 20 分钟；五、六年级的学生集中注意力的时间能达到 30 分钟。小学生阅读时注意力集中的时间，一、二年级的学生不超过 10 分钟，三、四年级的学生不超过 15 分钟，五、六年级的学生不超过 20 分钟。

整本书的内容连续性强，有助于孩子将注意稳定在某个人物、事件、场景上，如果设定的阅读时间刚好在孩子能够集中注意的时间范围内，孩子通常能够完成阅读任务。使用“番茄工作法”，为孩子设定持续阅读的时间，是发展孩子注意稳定性的有效手段。

“番茄工作法”是一种时间管理方法。在完成一项任务时，可以设定一个“番茄时间”，比如 25 分钟。在番茄时间内专心工作，不做任何无关的事，直到“番茄时钟”响起。完成一个“番茄时间”，就在纸上画一个记号，然后短暂休息一下

（比如 5 分钟）。接着，开启下一个“番茄时间”。每进行四个“番茄时间”，可以多休息一会儿。这种方法能够帮助我们提升注意力，减少干扰，更加有效地利用时间。

在指导孩子使用“番茄工作法”进行阅读时，家长要注意孩子现阶段阅读能够集中注意力的时间长度，为孩子设定合理的“番茄时间”。

☆☆☆

阅读整本书，能够提高孩子注意的广度。“儿童到了三年级，已经基本具备了以词为单位进行阅读的能力……而以词组或句子为单位进行阅读，三年级儿童则处于一种尚待提高的状态，由三年级到五年级，儿童的这两种能力呈现出逐渐上升的趋势，而且上升的趋势相对以词为单位进行阅读的能力发展更为显著。这个结果说明，阅读单位作为衡量人的阅读能力的一个指标，它所呈现的发展趋势是随着人的持续不断的阅读训练，逐渐由比较小的单元扩展为比较大的单元，表层的反映形式则为阅读速度的逐步提高……从三年级到五年级，是儿童形成以词组为单位进行阅读这种能力的重要时期，与三年级就已经基本具备了以词为单位进行阅读的情况不同，以词组为单位进行阅读的能力显然到了五年级才可以说基本形成和稳定了……以句子为单位进行阅读的能力到了五年级恐怕还不能说已经基本形成，从积极的一面说，则是在这方面还大有潜力可挖，儿童的进步势头正健。”[①]随着阅读单位的扩大，孩子注意的广度也得以扩大。需要说明的是，家长要经常测量孩子的阅读速度，把握住孩子阅读速度发展的重要阶段。如果孩子的阅读速度不符合现阶段发展的一般规律，家长需要关注孩子的阅读单位。

☆☆☆

根据不同领域对阅读速度的研究成果，结合我们研究团队2007年到2018年的测算与访谈，不同学段学生阅读一般现代文的速度大致可以参照以下标准：

第一学段（一、二年级）：每分钟150字左右
第二学段（三、四年级）：每分钟250字左右
第三学段（五、六年级）：每分钟350字左右
第四学段（七、八、九年级）：每分钟450字左右
高中学段：每分钟550字左右[②]

☆☆☆

① 张一清. 小学儿童阅读能力发展研究[J]. 语言文字应用，1994（2）：36-37.

② 吴欣歆. 培养真正的阅读者：整本书阅读之理论基础[M]. 上海：上海教育出版社，2019：12.

阅读整本书，能够协调孩子注意的分配。整本书的信息，并非按单一线索呈现的，而是在叙述一件事的过程中融合了很多相关因素：一个人会与很多人具有关联；人物、事件都在一定的背景中发展……孩子需要一边关注人物的动作、表情、心理、语言，一边关注他人对人物的影响，关注作者对人物的评价，在辨识主次的过程中，逐步发展整体认知能力。

举个例子，如果一个卧室是主场景，我们首先要关注的是实现卧室功能的主体，比如床；卧室中可能会有其他陈列，比如衣柜、梳妆台，它们则处于从属地位。

整本书阅读的对象是一个整体，整体认知能力的关注范围比较大，强调人、事、物、境的相互作用和影响，这要求孩子的思维具有开放性，在开放的基础上，还要能够区分中心内容和边缘内容，根据阅读内容，辨析有助于理解的必要信息和可选择信息。在阅读整本书的过程中，孩子对信息的感知、识别与定位，都是注意分配的表现。

阅读整本书，也需要注意的合理转移。在整本书阅读的不同阶段，孩子阅读的关注点也是不一样的。阅读《西游记》时，第一遍要重点关注情节；第二遍则可以选择自己喜欢的人物，整合相关信息，整体感受，分析人物形象；第三遍可以整理书中的环境描写，看到它与情节叙述不同的语言风格；第四遍可以整理师徒关系的变化，思考小说的主题和它对当代的意义。在重点关注某个因素的阅读过程中，孩子完全可能会被其他因素吸引，比如看到某样兵器时，回顾一下其他神魔使用的兵器；在分析某个人物形象时，关注人物与人物之间的关系；在主题探究阶段，还可能进一步发现人物形象的某些深层次特点。注意的合理转移是思维灵活性的体现，它能让孩子在阅读的过程中，获得多方面的阅读体验。

整本书阅读虽然是孩子生活中的重要组成部分，但不是全部。用什么时间完成阅读计划，针对不同个性的孩子，会有不同的安排。家长需要在了解孩子阅读速度的基础上，帮助孩子做好阅读计划。表 7-1 体现了各年级学生每天的平均阅读时长与阅读量，能够反映不同年级学生的阅读速度。

表 7-1　各年级学生每天的平均阅读时长与阅读量

| 年级 | 阅读时长 | 阅读量 |
| --- | --- | --- |
| 一、二年级 | 10 分钟 | 1500 字 |
| 三、四年级 | 15 分钟 | 3750 字 |
| 五、六年级 | 20 分钟 | 7000 字 |
| 七、八、九年级 | 25 分钟 | 11 250 字 |
| 高中 | 30 分钟 | 16 500 字 |

参考表 7-1 中的阅读时长，家长可以根据孩子的实际情况，陪孩子一起制订阅读计划。例如，阅读《红岩》，以中国青年出版社的版本为例，其版权页标定的字数是 30 万字，实际字数大约是版权页字数的 60%，即 18 万字。初中生每天阅读 25 分钟，能够读完 11 250 字，读完《红岩》大概需要 16 天。为了方便记录孩子的阅读进展，家长可以将阅读字数转换为每天阅读的页数。对于其他年级的孩子，家长也可以参照上述方法进行测算，做好阅读规划。

需要说明的是，因为读物类型会影响孩子的阅读速度，所以为了使规划更加合理，家长在孩子选定书目、开始阅读之前，可以先让孩子做“1 分钟阅读量”的测算，请孩子连续阅读 10 分钟，统计 10 分钟的阅读字数，再取平均值。只测算 1 分钟的阅读字数的做法是不够合理的，初始阅读阶段，有一部分时间是进入稳定阅读状态的过渡期，阅读速度会受到影响。通常，越快进入阅读状态的人，1 分钟的阅读字数和 10 分钟的阅读字数的平均值越接近。

对那些篇幅比较长、孩子读起来比较有挑战性的书，家长可以提醒孩子设立阶段性目标。比如，按照篇幅将书分为四个部分，读完每个部分，就算完成了一个阶段性目标，进行阶段性的展示、分享和庆祝。这能在一定程度上避免孩子望而生畏、失去耐心，也能让孩子更容易产生满足感和成就感。

整本书阅读并非孩子的唯一任务。面对不同的任务，如何排序才能实现高效率？家长要根据孩子的不同性格特点，帮助他们安排好优先级。此外，家长也可以根据孩子的作息时间和日常活动，借助统筹方法，帮助孩子规划阅读时间，提出利用碎片化时间的建议，帮助孩子建立时间管理意识，提升时间管理能力。

总而言之，孩子在整本书阅读过程中最为重要的是做事专注，同时要养成排序合理和注意统筹的良好习惯，逐步成为时间管理“小达人”。

3 Minutes 分钟｜工作坊

## 本章学习要点回顾

在学习这一章的过程中，你对“培养孩子的时间管理能力”有了哪些新认识？

“大家都只说要提升孩子的智商、情商甚至财商，而‘时间管理能力’是一个我从没想过的问题。回去以后，我会在这方面多关注孩子。”

“我是一个没计划的人，一直以为自己就是比较粗心而已，是由性格造成的。原来时间管理是一种能力，是可以通过训练提升的。希望通过以后的训练，孩子能获得这种能力。”

“以前知道整本书阅读很重要，对孩子的读写能力都有好处，没想到还能培养孩子的时间管理能力。”

…………

**请在这里写下你的答案：**________________________________

____________________________________________

____________________________________________

在注意的四种品质中，你觉得孩子目前最需要提升的是哪一种？你打算如何通过整本书阅读，提升这一点？

“孩子快上三年级了，还不太能集中注意力。我打算用番茄时钟设置阅读时长，帮他提升注意的稳定性。”

“注意的分配和合理转移吧。孩子的思维比较活跃，天马行空的。我希望他阅读一些人物比较多、情节比较复杂的作品，一方面比较符合他的兴趣，另一方面也能让他区分主次。那些比较有深度的经典作品，我会提示他反复阅读，每次读的时候，都注意不同的重点。这样既能符合孩子本身的思维特点，也能让孩子的思维能力进一步提升。”

“孩子的阅读速度比较慢。我想回去测一下她的阅读速度，看看和平均水平有多大差距，心里有个底，以后就在这个速度上慢慢提升吧。另外就是先选一些孩子喜欢的，也不太难读的书，训练孩子默读。她有时候爱读出声或者指读，可能比较影响阅读速度。”

…………

**请在这里写下你的答案：**____________________________

____________________________________________

____________________________________________

在培养时间管理能力的过程中，培养注意力是一个非常重要的内容。家长平时可能更多地关注孩子注意的稳定性，其实，注意的广度、分配和转移，也是不可或缺的，它们都可以通过整本书阅读得到提升。

## 本章要点

时间管理不仅是管理学上的概念，也是教育心理学关注的重要内容。能否设定合理的目标与计划、高效而灵活地利用时间、集中注意力解决关键问题……这些都可被视为重要的学习策略，指向一个人的学习能力。

时间管理能力是可以通过长期训练培养的，整本书阅读恰恰能帮助孩子达成这样的目标。在这个过程中，家长可以使用“番茄工作法”帮助孩子提升阅读时注意的稳定性，可以根据孩子的阅读速度制订阅读计划，可以设定阶段性目标提升孩子的阅读成就感，可以借助统筹方法帮助孩子利用好碎片化时间……在这种有目标、有计划、有成果的阅读活动中，家长也在引领孩子逐渐成长为一个做事专注、善用时间的人。

## 语文学习家庭支持清单

请在你做到的事项前打“√”，并为自己打分。

- **使用“番茄工作法”，帮孩子设定持续阅读和休息的时间** ★★★★★
- **引导孩子多读几遍经典作品，由浅入深，每一遍都关注不同的重点** ★★★★★
- **在孩子阅读一本书前，用“平均法”测出孩子 1 分钟的阅读量，掌握孩子阅读这本书的平均速度** ★★★★★
- **根据孩子阅读某本书的速度，陪他一起制订这本书的阅读计划** ★★★★★
- **关注孩子每天的阅读进展：阅读时长、阅读量（字数或页数）** ★★★★★
- **帮助孩子设立阶段性的阅读目标，每完成一个目标，都进行阶段性的庆祝** ★★★★★
- **提醒孩子利用统筹方法规划阅读时间，用好碎片化时间** ★★★★★

# 第八章
# 利用“联系思维”，让阅读事半功倍

☆☆☆

世间万物存在着普遍联系，联系是我们认识世界的重要思维方式。

☆☆☆

我的孩子上高一的时候，历史老师严肃地对他说：“你不会读书。”孩子从小就爱读书，小学三年级时已经能够独立阅读“大部头”作品，经常与家人、朋友讨论阅读收获。他认为自己是优良的“读书种子”，不能接受老师的评价。

我带着孩子复盘了师生对话的前因后果，然后决定和他在相同的时间内阅读历史教材的同一个单元，先“背靠背”整理阅读笔记，再“面对面”讨论分析，看看母子俩的读书方式是否有所不同。

我用思维导图完成了结构化笔记，围绕单元的核心主题，呈现历史材料之间的关系，归并了同类历史材料，并做出了解释。笔记的文字量虽小，但经过了自己的梳理、提炼、概括，体现了我所理解的学习内容之间的关系。孩子用内容提纲完成了线性笔记，完整地呈现了单元的知识信息，却没有展现信息之间的关联。两份笔记放在那里，还没讨论，孩子就想起历史老师说的“材料的作用是解释历史发展的规律”，兴奋得哇哇大叫。

在讨论的过程中，我对孩子讲了“加工深度”。不同的阅读目的，需要不同的加工深度：日常阅读大多只需要“浅加工”，为获取专门知识开展的阅读则需要“深加工”。历史老师期待学生能在阅读的过程中掌握历史概念，了解历史发展的规律，把握历史进程中的重要事件，并且让这些信息之间形成网络，厘清它们的内在逻辑。没有通过阅读达成上述目的，这就是历史老师所谓的“不会读书”。

阅读是个技术活儿，在阅读中建立联系是基本功。究竟是在潜意识中形成模糊的联系，还是追求刻意理解的主动联系，两种阅读的效果差异巨大。能否建立联系路径、形成联系结果，是思维水平发展的关键指标。有了明确的目标定位，我们就可以利用家庭资源，建立家庭“学习小组”，在孩子的“最近发展区”设计活动，发展孩子的联系思维。

---

“最近发展区理论”由苏联心理学家维果茨基提出。维果茨基认为，学生的发展有两种水平：一种是学生的现有水平，也就是独立活动时所能达到的解决问题的水平；另一种是学生可能

的发展水平，也就是学生通过教学所获得的潜力。二者之间的差异就是“最近发展区”。“如果儿童在最近发展区接受新的学习，其发展会更有成果。在这个区内，如能得到成人的帮助，儿童比较容易吸收单靠自己无法吸收的东西。”

☆☆☆

参照本书第 30 页提到的认知水平层级，我们应该在儿童现有的认知水平和高一个层级的水平之间，确定他的“最近发展区”。孩子的认知水平现在处于“单点结构”层级，家长可以提醒他“是否还能发现其他角度，是否还有其他方面，是否还能找出一条理由”，如果孩子能在家长的帮助下让认知水平从“单点结构”发展为“多点结构”，那么他就跨越了“最近发展区”，实现了真实的发展。

## 运用联结策略，拓展阅读深度

联结策略是一种阅读策略，也是一种高效的学习策略。通常，联结会从三个角度展开。

1. 在正在阅读的文本和以前读过的文本之间建立联系，通过对比参照，拓展认识的深度。

2. 将文本的内容与自己的生活经验建立联系，共情、共鸣或者审视、检验，从而产生更为真切的阅读体验。
3. 将文本信息与外部的世界建立联系，在广泛的社会生活中探究作品的意义和价值。

阅读格林童话《灰姑娘》，主动运用联结策略，可以形成下面的思考过程与结果。

联系小说《绿山墙的安妮》《简·爱》。安妮是“灰姑娘”的变形，她的人生经历与“灰姑娘”相似。但帮助安妮的人是真实存在的，安妮有多个“仙女教母”，他们引领她、扶持她，为她提供了真实的帮助。安妮通过众人的帮助和自己的努力，也真实地改变了自己的命运。

由《绿山墙的安妮》还能联想到《简·爱》，主人公的生命历程相似，命运的结局也相似，她们都是现实版的“灰姑娘”。安妮和简·爱都有类似的“仙女教母”——她们都在成长的关键时期遇到了影响自己一生的老师。

联系自己的生活。父母从小就教育我们：心地善良、乐于助人是对抗苦难的重要品质。拥有这些品质的人，看得见众生的疾苦，也更能理解自己的处境，进而在帮助他人的过程中，实现精神上的自我援助。就像教育家张桂梅，她经历过苦难的青少年时代，所以如同“仙女教母”帮助那些身处苦难中的少女，给她们带去改变人生的力量。

联系社会生活。当代社会是否还有《灰姑娘》的故事？“灰姑娘”将对浪漫、美好爱情的希望都寄托在王子的身上。当代社会崇尚独立的生存能力、独特的人格魅力、自主的情感选择，社会观念发生了巨大的变化，人们为什么依然喜爱《灰姑娘》？因为《灰姑娘》符合人类的“天性”：很多人希望在遇到问题时，不必竭尽全力自有神力来相助；很多人都渴望美好的人性带来美好的结局；《灰姑娘》中人性丑恶的形象，在现实生活中依然存在，依然为大家所厌恶。虚构的故事，揭示了真实的社会关系和亘古不变的人性本质。

不能一步到位地运用联结策略，也没关系。下面的问题有助于建构联结策略，一旦策略成了我们稳定的思考模式，我们就可以跳过分步骤的思考过程，根据需要选择联结的角度了。

3 Minutes 分钟 | 工作坊

**重读《夜莺》，建立联结**

《夜莺》是《安徒生童话》中唯一的“中国故事”，写的是一位中国皇帝非喜欢听夜莺唱歌，于是将一只夜莺留在宫殿里。当他拥有了上发条的“机械夜莺”，留在宫殿里的夜莺就飞走了。后来，皇帝生病，“机械夜莺”坏了，皇帝很想念夜莺的歌声。夜莺飞回了宫殿，用歌声治好了皇帝的病，然后又飞走了。

请你重读《夜莺》这个故事，试着从以下三个角度建立联结。

1. 这篇童话中的情节让你想起了其他作品中哪些类似的情节？______

________________________________________

2. 皇帝与夜莺，是否唤起了你与小动物相处的经历？__________

________________________________________

3. 这个故事让你想起了哪些社会现象？______________

________________________________________

阅读是梳理—建构—整合的过程。阅读《窗边的小豆豆》，我们一边梳理小豆豆的经历，一边会被那些与我们自己生活重叠的场景触动。它不仅唤醒了我们受教育的记忆，也能引发我们对自己教育方式的反思，引导我们追问“什么才是理想的教育”，进一步思考教育的目的和意义。

和孩子一起阅读《窗边的小豆豆》时，我们可以用下面的问题，帮助他们建构联结策略，拓展阅读的深度。

如果你身边有高桥君这样的同学，你会怎么做？

巴学园的运动会，与你们学校的运动会有什么不同？

小林校长的这些做法，你在学校遇到过吗？

你心中最美好的学校，是什么样的？

联结不只在阅读中发生，有经验的家长还善于捕捉孩子日常生活中出现的潜意识联系，帮助孩子了解建立联系的原因，促进孩子自觉思考，助力孩子思维品质的提升。

参观科普展览，孩子看到蟋蟀的“住宅模型”，往往会表现得很惊讶。为什么惊讶？也许是因为蟋蟀的住宅规整，也许是因为这些住宅相对于蟋蟀的身体而言过于宽敞，也许是因为住宅的布局兼具科学性和艺术性。多角度地建立联结，可以帮助孩子明确“惊讶”的原因，让孩子更早地开启自觉思考。我们可以和孩子做以下讨论。

蟋蟀的家像不像妈妈刚收拾好的房间？

蟋蟀的家，长度是它身体的12倍。咱们想象一下，就像你躺在学校的操场上。

洞口外面的平台，居然是用来“演奏”的，像不像一个露天琴房？

在家长的帮助下，孩子在眼前的世界和自己生活的世界之间建立了联系，了解了自己“惊讶”的原因——昆虫的住宅居然能建造得这样完美！通过一套简单的操作，家长就能利用认知经验，拓宽孩子思维的广度，促使他们自觉地思考。

## 设计联结游戏，开发逻辑思维

联结游戏的种类有很多。从阅读和语言学习的角度来讲，“词语口袋”“用词写段”和“图书分类”三种实践效果最为显著。

### » 词语口袋

“词语口袋”的操作简单，难度最低。请孩子读完一篇文章或一本书后，选择自己最喜欢的词语，做成词语卡片，放进一个容器（口袋、罐子、盒子）里。每天，由一位家长负责组织家庭游戏，用掷骰子或口头商量的方式决定当天游戏使用词语的数量（通常为 2 ～ 6 个）。每个家庭成员依次从容器中取出一个词语，直到词语达到约定的数量。每人都用这些词语说一段话，采用投票的方式选出获胜者。

在孩子连缀成的语段中，家长可以观察到孩子使用词语的特点、句子的基本结构，还可以看出孩子的心理状态。比如，抽取的词语是“静悄悄”“玩”“太阳”“奔跑”，孩子完成的语段是“星期日，大太阳，我们在草地上奔跑，小明在一边静悄悄地自己玩”。语段合理安排了时间、地点，描述了不同的场景，说明孩子有很好的观察力。然后，通过两个场景的对照，我们需要再确认一下：小明是和大家一起去的公园吗？他自己在玩什么？他为什么没和大家一起玩？语言运用上的细微的表现，反映了孩子眼中的世界和他此刻的真实心理，我们要在游戏中关注这些细微的表现，促进孩子心理的健康发展。

### » 用词写段

相对于“词语口袋”，“用词写段”增加了难度。“用词写段”的“词”主要指连词，连词用来连接词与词、词组与词组、句子与句子，表示逻辑关系。一段话中的连词，可以显现段落内部的逻辑关系。“用词写段”通常提供一组连词，通常为 2 ~ 3 个（根据孩子的语言能力可以适当增加），请孩子选择生活中的情形，用上这些连词（顺序可调整）说一段话。我们需要从孩子的日常表达中判断他们对逻辑关系认识的“最近发展区”，观察的角度主要包括表达逻辑关系（因果、转折、递进、并列等）的合理性、关注限制条件的自觉性、联想的丰富性三个方面。然后，家长要根据孩子的语言和思维发展情况选择一组连词，设计针对性强的活动。

3 Minutes 分钟 | 工作坊

## 用关联词语强化逻辑关系

信息技术的发展为在线教学提供了良好的平台，在线学习对孩子的自律能力又提出了新的要求。请你用“因为”“因此”“只要”“虽然”“如果”“同样”六个关联词说一段话，给孩子讲清楚这个问题。

“我们为什么要自律？因为只有自律，我们才有可能达成自己所期待的目标。因此，在上网课的过程中，我们要保持良好的作息，保证高效的学习状态。只要做到这些，就够了吗？我们还要根据自己的实际情况，不断调整学习计划。虽然这些看起来很简单，但坚持做下来，却不是一件容易的事情。如果在这段时间，我们遇到了更具吸引力的事物，那么它就会成为考验我们自律能力的‘试金石’。同样，我们在成长的道路上，会遇到被包装成各种形态的‘试金石’。将它们一一击破，我们就能不断提升自律能力，逐步实现个人目标。”

“因为教育模式发生了改变，所以缺乏自制力的孩子，在新的教育模式下，落后的可能性更大。因此虽然网课有弊端，但是优势也很明显，时间上更灵活，可以更好地整合网上的优势资源。如果说网课是对你的一次考验，那么同样也是对我的一次考验，我也要调整自己的工作和生活模式，和你一起解决问题。我相信你是潜力股，只要咱们齐心协力，你一定会慢慢发光。”

上面两段话中的关联词，清楚地标识了内容间的关联：点明原因—提出观点—说明局限—提出假设—拓展延伸。尤其需要注意的是，第二位家长采用了“合作型语言”，能让孩子感受到和家长站在一起共同面对挑战的情感力量。

### » 图书分类

“图书分类”是帮助孩子建立图书关联的游戏。读完一本书，家长要和孩子一起在家庭藏书中寻找它的“伙伴”。最初，孩子可能更关注图书的装帧形式，家长要慢慢引导孩子关注图书内容的关联。读完《柳林风声》，孩子选择《夏洛的网》，因为这两本书中的主人公都有一群好朋友；孩子选择《草房子》，因为桑桑和蛤蟆有相似的成长历程；孩子选择《乡下老鼠和城里老鼠》，因为故事中都有住在不同地方的人物，主人公们也拥有不同的愿望。当孩子能在两本书、两个形象、两个情节之间建立联系，家长再扩大游戏的范围，做“主题图书分类”，或者设计“主题阅读书单”，帮助孩子在更广阔的范围、从更多元的角度建立关联。

联结游戏建立在关联的基础上，其更为重要的作用是帮助孩子建立“合理”的关联。在游戏的过程中，家长要特别关注这一点。

## 通过结构梳理，搭建认知框架

一本书的框架，体现了作者建立关联的基本路径；一章的内容框架，体现了局部内容的逻辑关系；一段话的逻辑层次，是语句关系的具体表现。用画图的方式整理全书框架、章节框架，用批注的方式呈现段落框架，是孩子跨越时空与作者对话的过程。在梳理探究的过程中，孩子不但能更好地理解阅读的内容，还能学习作者的思维方式。

著名建筑学家刘先觉在 20 世纪 90 年代为青少年写了《建筑艺术的语言》一书，希望通过它传递建筑艺术的知识、建筑美的情调和建筑学的历史。全书共分为四章，分别是《形形色色的建筑艺术》《古代建筑艺术的丰碑》《世界建筑艺术的成就》和《近现代建筑的革命》。第一章是整体性的介绍，提供基本的建筑学常识，为读者奠定阅读该书的知识基础；第二章从时间角度展开，讨论建筑的功能如何从单一的实用性功能发展到兼具实用和艺术两种功能；第三章从空间角度展开，分别展示不同地域的建筑特色及经典建筑；第四章从技术发展的角度，讨论近现代建筑革命的背景及其主要发展方向。全书目录诠释了作者的思路，从中能看出作者是站在读者的立场，用符合外行认知过程的方式搭设的框架。

接下来，让我们缩小分析范围，聚焦于书中的第四章。第四章共包含 10 个小节，内容如表 8-1 所示。

表 8-1 《建筑艺术的语言》第四章框架

| | | | |
|---|---|---|---|
| 1. 建筑的新技术<br>2. 建筑的新类型 | 3. 美国和英国的国会大厦<br>4. 简洁明快的现代建筑<br>5. 建筑的诗意 | 6. 新颖的玻璃盒子与流动空间<br>7. 居住机器和抽象雕塑<br>8. 摩天楼的奇迹<br>9. 神奇的大空间屋顶 | 10. 世界建筑艺术往何处去 |

通过简单分类，我们能看出整章内容的逻辑关系：总体介绍新技术和新类型，选择能体现新技术和新类型的典型建筑做具体描述，描述建筑革命的关键要素，在描述发展事实的基础上讨论未来的趋势。

让我们再次缩小分析范围，具体到第四章的第一小节，先来看看引言部分。

由于资本主义大生产的发展，特别是工业革命以后，建筑科学

> 有了很大的进步，新的建筑材料、新的结构技术、新的施工方法的出现，为近代建筑的新发展提供了无限的可能，因而在建筑上摆脱折中主义束缚的要求更加迫切。[①]

引言部分介绍了近代建筑变革的社会背景与技术基础，从初期生铁结构、铁和玻璃的配合、向框架结构过渡、升降机与电梯四个方面展开，前三个方面是一个发展变化的过程，第四个方面是变化过程中的关键环节。

让我们进一步缩小分析范围，选取一个段落继续讨论。

> 建筑虽然大多首先要满足使用的要求，但它的艺术作用也是绝不可忽视的，有时甚至会变成首要的因素。它不仅可以使你获得美感，而且还能产生强烈的艺术感染力。例如当你走到一座纪念碑前，你往往会对历史浮想联翩，会自动缅怀先烈的业绩，更会为高大抽象的碑体艺术所折服。教堂类的建筑则更令人注目。[②]

关注文段中的标识，我们是不是就能清晰地看出作者组织文段的内在逻辑？科学家的思维与表达，是读者学习的榜样。在阅读时，家长是否可以轻松标出起到联结作用的词语？这是一件我

---

① 刘先觉．建筑艺术的语言［M］．南京：江苏凤凰教育出版社，2020：148.

② 刘先觉．建筑艺术的语言［M］．南京：江苏凤凰教育出版社，2020：4.

们想做就能做的事情，但它对孩子的帮助作用却不可小视。

小学三年级以上的孩子阅读《建筑艺术的语言》，基本上不会有什么文字障碍。作者采用图文结合的方式，这对孩子们理解抽象概念有很大帮助。不过，作者组织内容的思维方式，孩子在家长的帮助下才能领会，如此，它才能为孩子提供更大的学习价值。

文学类的阅读更是如此。大家熟悉的《天上的街市》，就是一个展开联想的经典案例。

> 我想那缥缈的空中，
> 定然有美丽的街市。
> 街市上陈列的一些物品，
> 定然是世上没有的珍奇。
> 你看，那浅浅的天河，
> 定然是不甚宽广。
> 那隔着河的牛郎织女，
> 定能够骑着牛儿来往。

一组“定然”串联起诗人联想的过程。如果我们在阅读诗歌的时候标出“定然”，带着孩子也联想一回，效果又会怎样呢？

此外，在阅读故事时，家长也可以借助“故事图式”，帮助孩子梳理故事的结构。

在听故事时，我们无法记住所有细节，而倾向于记住故事的结构。我们脑中形成的故事结构框架，就是“故事图式”。通常，故事是由背景、主题、情节、结果组成的。5 ~ 6 岁的儿童，在听完一个故事后，已经能按照“故事图式”去记忆故事的内容，并且有序地复述故事了。

一般的“故事图式”如下。

1. 故事通常要先设置一个时空背景。
2. 在背景中，主角出现了。
3. 主角一出现，就带着期待改变的现状或想努力实现的目标。
4. 实现目标的过程就是情节。情节通常有三个起伏，形成波折。
5. 情节的变化具有意义，我们从中能获知作者传递的思想或主张。

《卖火柴的小女孩》就是一个建立“故事图式”的典型案例。通过阅读《卖火柴的小女孩》，孩子能梳理出一般意义的“故事图式”，并且联系多个故事，还原作者创作的过程。孩子联系多个故事的情节，会发现情节通常要设置三个变化，以体现事情的复杂性。比如《白雪公主》中后母要三次下毒手，《三只小猪》中要盖三间房子，又如《西游记》中的“三打白骨精”“三调芭蕉扇”“狮驼岭降三魔”……建立联结的过程，能让孩子在阅读时“恍然大悟”，在多个类似的现象中看到基本规律。而对基本规律发现和概括的能力，是高阶思维发展的重要标志。

阅读，可以解决近期的问题和长期的问题，可以解决具体的问题和抽象的问题。如果我们能在阅读过程中帮助孩子建构联结策略，根据孩子的情况设计家庭化的联结游戏，自觉带着孩子与作者进行跨越时空的对话，那么我们就能帮助孩子在阅读中获得显性信息，实现隐性的思维发展——二者互动的过程，也是孩子丰富语言经验、提升语言品质的过程。联系思维能让阅读事半功倍，也能打开孩子的视野，让孩子用高品质的思维能力面对复杂的生活情境，在更广阔的思考空间内，探寻解决问题的方法。

3 Minutes 分钟 | 工作坊

### 本章学习要点回顾

在学习这一章的过程中，让你印象最深刻的一种教育策略是什么？

“联结策略。”

“‘词语口袋’游戏。”

“故事图式。”

…………

**请在这里写下你的答案：**________________________________

______________________________________________

无论通过联结策略进行深度阅读，还是通过联结游戏观察孩子的思维特点，还是在阅读时梳理作者的创作逻辑，家长可以选择任何一种适合孩子现阶段的教育策略，并随着孩子的成长，不断发掘新策略。

通过本章的学习，请用一句话概括你的收获。

“词语口袋是个好方法。我打算每周和孩子玩一次，随时了解孩子的状态。”

“我掌握了与孩子共读一本书的新方法。”

“我会用‘故事图式’的方式引导孩子梳理两个童话故事。这样以后他再看完一本书，就可以用这个方法复述书中的内容了。”

…………

**请在这里写下你的答案：**________________________________

______________________________________________

## 本章要点

读一本书可以联想到另一本书，联想到自己的经历和广阔的社会生活；一个词可以连词成句、连句成段；一篇目录或一个文段可以看出作者谋篇布局的思路……

在语文学习中，联系思维无处不在。联系思维不仅能让阅读事半功倍，也能让孩子透过现象发现规律，获得思维上的进步。

我们常说，要让孩子学会“举一反三”“触类旁通”，让孩子具备灵活解决问题的能力，这有赖于联系思维的养成。如果孩子能在阅读时总结规律、举一反三，离在生活中融会贯通也就不远了。

## 语文学习家庭支持清单

请在你做到的事项前打“√”，并为自己打分。

- ■ **利用联结策略，帮孩子进行深度阅读** ★★★★★
- ■ **和孩子一起制作“词语口袋”，用它玩联结游戏** ★★★★★
- ■ **和孩子一起玩“用词写段”游戏** ★★★★★
- ■ **和孩子一起玩“图书分类”游戏** ★★★★★
- ■ **引导孩子阅读图书目录，发现作者的创作逻辑** ★★★★★
- ■ **教孩子在阅读时标出关联词，体会文段的内在逻辑** ★★★★★
- ■ **借助“故事图式”，帮助孩子梳理故事结构** ★★★★★

# 第九章
# 在文学形象中找到“重要他人”

孩子在阅读历程中遇到的哪个形象，成了他的“重要他人”？

孟京辉导演的话剧《两只狗的生活意见》首演那年，我七岁的孩子看得特别投入，完全领会了剧中的笑点。从剧场出来，他郑重其事地问我：“妈妈，等我长大了，导演他们就死了吧？”我认真作答：“不会的，导演还很年轻。你认识的一位伯伯和他是大学同学。”孩子踏实了，说：“我长大后，想跟着他的团队工作！”

2013 年，在蜂巢剧场看完《我爱 ×××》，听说孟京辉导演会来，孩子坚持要等。被引见的那一刻，他羞涩得说不出话来。导演的签名明信片被孩子珍藏了多年，后来转送给了一位他极热爱、极尊重的老师。

2014 年，《两只狗的生活意见》在北京大学演出，我得到了三张票，本想送给同样喜欢孟京辉作品的朋友一家三口，孩子不同意，最后只好让他和朋友母女俩一起去看。

后来，孩子考上了电影学院。现在，他沉浸于自己的视频创作中。

虽然我没问过他是不是在 7 岁那年就爱上了戏剧，但是确实是从那年起，我们开始频繁地观看各种戏剧。2008 年,《图兰朵》在国家大剧院上演，我托人买票，被朋友们调侃：“那么小的孩子，看什么《图兰朵》呀？”2014 年圣诞节，为了买到《如梦之梦》的票，同样热爱戏剧的小师妹跟着我们折腾了好几天，终于一起“圆梦”。

现在想来，“重要他人”出现的时刻，就是孩子人生中的重要时刻。

## 帮孩子找到高品质的“重要他人”

“重要他人”是一个社会学概念，它是指对个体的人格形成、心理发展产生重要影响的具体的人，可以被视为个体出现社会性转变的源头。《教育大辞典》从教育学意义上定义了“重要他人”：对个体自我发展有重要影响的人和群体，具体指对个人智力、语言及思维方式的发展和行为习惯、生活方式及价值观的形成有重要影响的父母、教师、受崇拜的人物及同辈群体等。

3 Minutes 分钟 | 工作坊

## 谁是你的“重要他人”

请回忆过去的生活，想一想对你产生重要影响、对你的决定起到关键作用的人是谁？他的哪些思想与行为对你产生了影响？

“我的外公是一位医术高明、尽职尽责的医生。受到他的影响，我从小就对医学很感兴趣，后来如愿考上了医科大学，现在我也成了一名医生。”

“我上大学时的外国文学老师是一位非常有魅力的女士。毕业前，她对我们说，虽然绝望，但是我们也要努力地活着。”

“我是梅西的球迷。他虽然从小就有身体激素缺乏症，个子长不高，家里也付不起高额的治疗费，但他是一个超级努力的天才，战胜了千难万险，终于成为世界顶级的球员。我一直把梅西当成榜样，是他激励我走出小县城，让我通过自己的努力，走向更大的世界。”

…………

**请在这里写下你的答案：**________________________________

____________________________________________

“重要他人”大多是我们的长辈、老师、偶像等，他们对我们的意义，往往是塑造、改变了我们的世界观、人生观、价值观，是影响了我们的兴趣爱好，或者是促成了我们的职业选择和人生规划。

儿童易受到外界的影响。如果儿童身边的人大多思想水平高、道德修养好、具备良好的学术和生活能力，那么儿童在某个偶然的情境下受到激发的可能性更大，在长期的共同生活中受到深刻影响的可能性也比较大。儿童之所以容易在高水平的人群中找到“重要他人”，很可能是因为这一人群的职业选择、处事方式和思想观点符合儿童的初步期待，因此一次偶然的碰撞，就可能让儿童找到长期的关注点。退一步说，即使儿童身边的人不满足上述条件，他也会在未来的某一时刻遇见他的“重要他人”，尽管二者的概率和影响可能有所不同。

孩子在真实的生活情境中遇到的人是不可控的，受到的影响也是不可控的。家长和孩子不可能时时处处待在一起，家长往往难以完全走进孩子的生活圈，也难以全面关注孩子触及的形形色色的人。

那么，怎样确保孩子遇到高品质的“重要他人”呢？文学阅读是一个重要的途径。铁凝曾谈起文学对自身成长的意义：“上世纪 70 年代初，我还是一个少年，偷偷读到一本书，是法国作家罗曼·罗兰的《约翰·克利斯朵夫》。记得扉页的题记是这样两句话：‘真正的光明决不是永没有黑暗的时间，只是永不被黑暗所淹没罢了；真正的英雄决不是永没有卑下的情操，只是永不被卑下的情操所屈服罢了。’这两句话使我深深感动，让我生出想要为这个世界做点什么的冲动。我初次领略到阅读的重量，它给了我身心的沉稳和力气。”①

家庭的文学阅读活动，是帮助孩子找到“重要他人”的合理途径。家长有计划地准备、有目标地引领，能够让孩子眺望精神的“喜马拉雅”，找到引领自己攀爬精神高峰的榜样，在榜样身上获得奋勇向前的力量。

## 打造“文学形象相册”，丰富孩子的“朋友圈”

文学形象具有教育功能，良好的家庭教育能够最大化地实现文学形象的教育功能。我为很多家庭推荐的“文学形象相册”，取得了切实的教育效果，在家庭教育和孩子成长的过程中发挥了巨大的作用。图 9-1 是《查理和巧克力工厂》的文学形象相册。

---

① 铁凝. 阅读是有“重量”的［J］. 学习博览，2010（3）：1.

封面　　人物卡

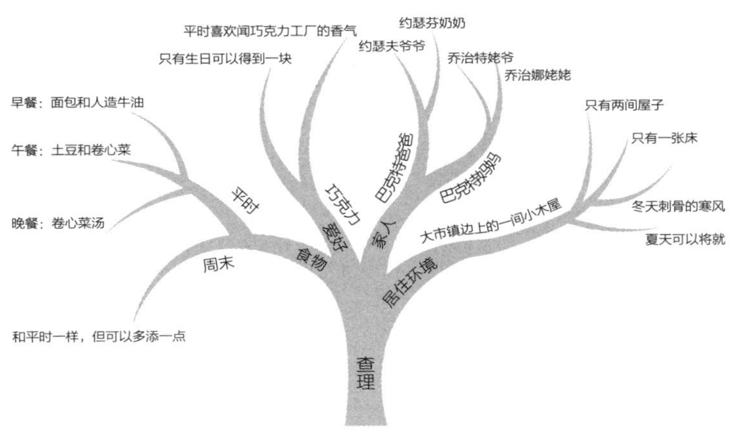


查理形象思维导图

图 9-1　《查理和巧克力工厂》文学形象相册[①]

① 吴欣歆，刘晓舟．小学整本书阅读教学指导（上）［M］．北京：教育科学出版社，2020：60.

家长可以帮助孩子选择文学形象，也可以跟着孩子的阅读节奏，指导孩子从正面感受、分析人物形象。文学体裁包括小说、散文、戏剧、诗歌等，家长要尽量帮助孩子打开视野，让他们从更广泛的文学体裁中，关注、收集更为丰富的文学形象：活泼的、冷静的、坚强的、善良的、热爱思考的、善于创造的……

阅读《草原上的小木屋》时，孩子一般会被劳拉吸引，认为她独立、坚强、观察力敏锐、想象力丰富、善于思考，符合自己心目中“大姐姐”的形象。家长可以提示孩子关注作品的次要人物，例如劳拉的爸爸查尔斯·英格尔斯，他精明能干、足智多谋，喜欢冒险而又感情细腻。虽然作为一个成年读者，我们很可能会被查尔斯在夜晚演奏小提琴的场景打动，但是孩子常常会忽视这个场景。在这样的阅读活动中，家长一定要让自己成为“辅助者”或“欣赏者”，尊重孩子的内心世界，要有耐心地等孩子发现人物的魅力。

阅读《小鹿斑比》时，孩子可能会关注斑比受到的冲击，会关注他在一次次情感冲击中做出的选择，从而认识到独处和思考的重要性，认识到承受孤独和压力的必要性，认识到老鹿王存在的价值。家长可以趁机启发孩子，根据斑比的成长历程画出一个“成长模型”，总结一套“成长要素”。

阅读《柳林风声》时，孩子可能会被河鼠吸引，认为它真诚友好、善解人意、乐于助人。河鼠不但拥有丰富的生活常识，懂得为人处世的道理，而且具有诗人的气质，时常写诗，抒发感想；他偶尔也会被外面的世界吸引，当他听到海鼠讲述游历见闻时，曾经陷入短暂的迷茫。河鼠的形象具有多重的象征意义，如果家长对作品和人物有更多了解，就可以问问孩子：“河鼠像不像一个家里的妈妈？”“作者本人也很热爱诗歌创作，他是不是在河鼠身上投射了自己的影子？”

阅读《田鼠阿佛》时，孩子可能会觉得阿佛热爱生活，是一个敢于坚持自己梦想的特立独行的人，希望自己也能像阿佛一样，什么也不用干，随着自己的心意收集颜色和阳光。家长要引导孩子思考生活的基本条件，让孩子意识到：作者想要凸显精神生活的重要性，并没有否定物质生活的必要性。我们要尊重阿佛的选择，也要意识到：只有阿佛自己的社会是无法良好运行的，不同爱好、不同选择的人应该共生共存，生活既要丰衣足食，又应多彩多姿。

看完话剧《万尼亚舅舅》，孩子可能无法理解万尼亚舅舅的内心世界。家长要善于类比，让孩子看到，万尼亚舅舅遭遇的精神危机是人类的普遍危机：你原本觉得小提琴的声音曼妙无比，当你真的开始练习时，却会发现练琴的辛苦盖过了你对音乐的兴趣；你一心想去的游乐园，却因为管理混乱，让你失望而归；当你最尊敬、最崇拜的师长做出了让你无法接受的行为时，他的形象可能在你心中一落千丈……作者塑造万尼亚舅舅的形象，就是要让我们看到自己的精神危机，让我们不再处于混沌之中而无知无觉。只有“看到”，才有可能突破。一个视野模糊、心中迷茫的人，根本无法认识到自己身处困境，又怎么能采取自救的行动呢？

3 Minutes 分钟 | 工作坊

## 共创家庭阅读书单

根据孩子的成长状况，你觉得应该选择哪些书帮助孩子找到“重要他人”？请写出书名，并说明理由。

“《我和小姐姐克拉拉》《亲爱的汉修先生》《小王子》《绿山墙的安妮》《城南旧事》。孩子正处在人际交往的发展阶段，这些书中的形象能帮助她反思自己和别人的关系，解决生活中的困惑。”

“《田鼠阿佛》《夏洛的网》《窗边的小豆豆》《海鸥乔纳森》，这些书都是关于成长的。我希望孩子能借助这些成长中的形象，发现自我，坚持自我，并且成长为更好的人。”

“《安徒生童话》《快乐王子》《里姆的月亮》……孩子喜欢童话，但我不希望她陷入‘王子公主’的刻板思维。这几部童话集都对我产生过巨大的影响，里面的人物形象都很饱满，代表了人类对真善美的追求。我希望孩子也能在这些书里找到人生的榜样。”

“‘哈利·波特系列’，还有《爱丽丝漫游仙境》《绿野仙踪》《查理和巧克力工厂》。我们家的两个孩子都很喜欢冒险类的故事，要是他们在阅读的同时，能学习主人公的勇敢、善良和协作精神，就更好了。”

“我儿子也喜欢冒险故事。我会给他推荐《哈尔罗杰历险记》《80天环游地球》《格列佛游记》《鲁滨逊漂流记》这几本书。主人公的旅程很惊险，也很精彩，孩子肯定爱读。作者的‘脑洞’很大，多读这类书，也能培养孩子的想象力。”

“《三体》，主题宏大、思想深刻，还有很多科学、哲学知识，需要亲子共读，去加深理解。《和孩子聊聊生命中重要的事》，和孩子一起探讨其中的观点，能增进彼此的了解。《人民日报带你读时政》，帮助孩子理解新闻背后的深意。这些书的作者也可能会成为孩子的‘重要他人’。”

“我会选一些古代的经典给儿子:《论语》《史记》《西游记》《唐诗三百首》。《论语》还原了孔子的形象，能让孩子感受到孔子的伟大人格。《史记》的人物塑造很丰满，孩子和大人看待人物的视角可能有很大差别，我们可以交流的话题更多。《西游记》的故事很适合男孩的童年世界，特别是孙悟空这个形象，能给孩子很多启发。《唐诗三百首》虽然是诗集，但是里面也有人物形象，有思念家乡的游子、驻守边关的战士、诗意栖居的隐者……孩子读诗，也能读出人生百态。”

…………

**请你以帮孩子找到"重要他人"为目标，制定本月的家庭阅读书单，并说明理由：________________________________________**

**________________________________________**

孩子最初接触文学形象时，可能更关注人物形象的特点。家长要善于引导孩子从关注人物的特点转而关注人物的意义和价值，思考这个文学形象对我们生活的启发，探究作者的创作意图。假如有合适的契机，家长还可以和孩子一起为"文学形象相册"增加一个栏目——"形象意义"。图 9-2 是《海鸥乔纳森》的"文学形象相册"。

《海鸥乔纳森》封面 -1

《海鸥乔纳森》封面 -2

《海鸥乔纳森》第四章插图

图 9-2　《海鸥乔纳森》文学形象相册

在此基础上，家长可以提醒孩子在相册中添加乔纳森形象意义思维导图（见图9-3）。

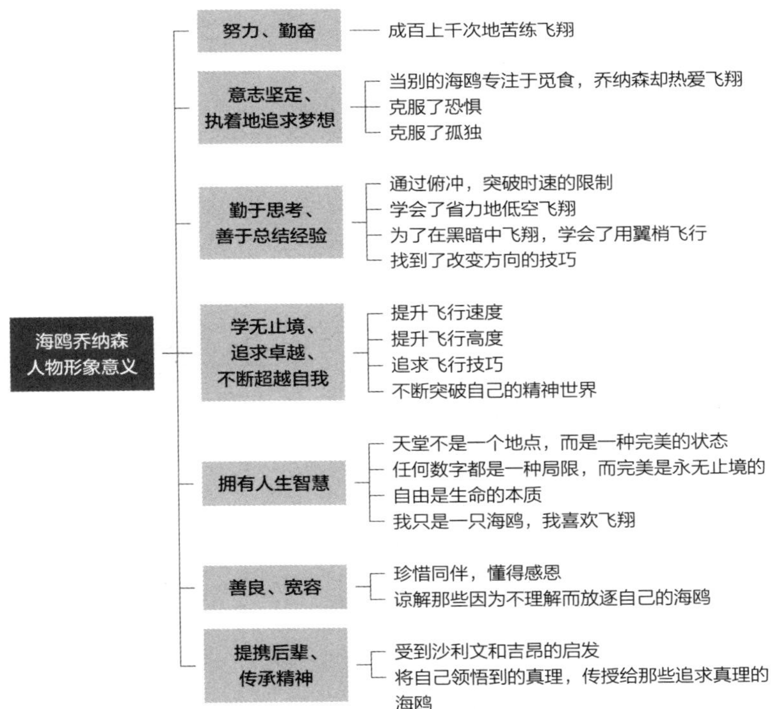


图9-3　乔纳森形象意义思维导图

对这个过程，家长虽然要干预，但是不能过度干预。孩子自己的“文学形象相册”，就像我们小时候的集邮册，是可以反复翻看的。如果家长获得了邀约，能和孩子一起翻看，那么翻看过程中的交流就能发挥良好的教育作用。如果孩子没有主动邀请家长一起翻看，那么家长可以组织全家人的“文学形象”展览会、座谈会或推介会，让孩子有机会回顾自己的阅读史，重新认识自己收集的文学形象。

家长可以在家里布置一面展示墙，不仅张贴孩子收集的文学形象，还可以张贴其他家庭成员收集的文学形象。全家商定一个评选标准，为这些形象开展票选活动，得票最高者当选“家庭文学形象”，请提供这个形象的家庭成员为大家做一次宣讲。这样的活动可以每月开展一次，到了年底，还可以在每月选出的形象中，根据新的标准再次进行投票，从而充分发挥“文学形象相册”的功能。票选的标准要根据孩子现有的发展状况而定，可以设置“最温暖的形象”“最坚强的形象”“最善于思考的形象”“意义最深刻的形象”等。

家庭成员之间的文学形象展示与分享，实际上是在“学习共同体”中的集体学习：孩子能从其他家庭成员那里收获不同的认识与思考；家长也可以借助孩子的视角，反思自己的原有经验。“学习型家庭”的建设，就在这样的活动中逐步向前推进。在这样的发展进程中，家长本身就有很大概率成为孩子的“重要他人”，影响孩子未来的阅读习惯，也影响孩子未来对亲子关系和家庭教育的认知。就这样，温暖的教养方式、和谐的家庭氛围，将会一代一代地传递下去。

## 引导孩子与“重要他人”对话，强化心理韧性

2002—2007 年，我跟着一个学术团队工作了 6 年，每周都有讨论，都要“交作业”，每年还有两次长达 10 天的集中工作。除了我和另外两位老师，团队其他几位成员的年龄都在 60 岁以上，他们的共同特点是出身书香门第，做事有标准、有章法，严于律己、宽以待人。我们在一起的很多工作场景和工作细节，都成为我不断复盘、不断模仿的参照物。直到现在，我依然会在某个迟疑的时刻，设想“他们会怎么做”。这个团队为我树立了一套做事的标准和待人接物的基本原则，即便在新的团队里我的为人处世方式不被接受，我也有足够的底气，认为自己持有高标准，敢于坚持高要求。

孩子在成长过程中，遇到的“重要他人”也不会只有一位，不同的“重要他人”对孩子的影响不尽相同。在文学作品中遇到的“重要他人”对孩子的影响大多体现在思维方式、行为方式、生活方式和价值观念等方面。

需要注意的是，“重要他人”对孩子的影响，不像对成年人的影响那样持久。家长要想办法引导孩子与“重要他人”对话，强化影响的力度，延长影响的时间。对话通常应该在孩子遇到问题的时候进行。我们可以先和孩子一起选择一个文学形象，用层次分明的问题，引导孩子在对话中获得启示，使孩子受到正面影响。

下面是孩子在学校遇到问题后，与文学形象对话的过程。孩

子能从自己喜欢的书中找到办法，解决生活中遇到的问题，在增强心理韧性的同时，也能提升对自我、他人和社会生活的认知。

【孩子与安妮的对话】

“我今天在学校遇到了一个调皮的男生，上课时，他揪住我的头发使劲摇晃。安妮，如果你遇到这种情况，你会怎么做？”

> “安妮狠狠地瞅着他！她不仅瞅着他，还采取了行动。她猛地站了起来……她用满含仇恨的目光怒视吉尔伯特，眼睛里的怒火很快被同样愤怒的泪水扑灭了。”①

“哦，原来是这样！我应该让他知道：我不是好欺负的。”

【孩子与坡娃的对话】

“我们班准备了好长时间的运动会。今天，运动会结束了，我忽然觉得心里空荡荡的，好像一下子失去了很多东西。”

> “坡娃笑了。西边，极远极远的地方，隐隐约约地，好像是炮声。那炮声远得像是在梦里。两个孩子，没有太把炮声放在心上。过了一会儿，也不再把雪儿放在心上。他们在清冷舒适的空气里，只想

① 露西·蒙哥马利．绿山墙的安妮［M］．马爱农，译．北京：人民文学出版社，2017：99.

好好看一看这洁白的雪。一片废墟的村庄、远处山坡上一个一个巨大的炮弹坑……满目疮痍的大地，此时，已被大雪厚厚地覆盖。”①

“原来是这样，你也有过这样的时候。我懂了，安安静静接受它就好。你的经历比我的曲折得多，你的感受也会比我更强烈。我也要试着安静下来。那片雪能让你安静下来，我去看看门前的草地吧！”

【孩子与乔纳森的对话】

“乔纳森，我也想努力飞翔，可总是忍不住偷懒，怎么办啊？”

“当海鸥乔纳森回到海滩上的鸥群中时，天色已经黑下来。他头晕眼花，筋疲力尽，但仍然愉快地来了一个翻筋斗下落，在最后落地前又做了个快速翻滚。他觉得，大家听说他的突破，也一定会欣喜若狂。现在生活多么有意义呀！除了单调地在渔船间蹒跚来去，生活有了更充分的理由。我们可以改变无知的状态，可以发掘自己与生俱来的优势、才智和技能。我们可以自由自在！可以学会飞翔！”②

---

① 曹文轩．火印［M］．北京：天天出版社，2015：341.

② 理查德·巴赫．海鸥乔纳森［M］．夏杪，译．北京：北京十月文艺出版社，2019：23.

“我想我也有与生俱来的优势、才智和技能，为了以后的‘自由自在’，我要鼓励自己坚持下去。自由自在的生活，我还是很向往的！”

孩子在文学形象中遇到的“重要他人”，对孩子的影响更像“灵光乍现”。因为年龄和阅历的关系，孩子受到触动快，放下得也快。如果在一段时间内，我们总是提醒孩子重读那本重要的书，孩子就会更熟悉书中的信息，也就更能在书中扩大对话的范围。大致来说，这种对话会涉及三个层级。

第一个层级，接受来自“重要他人”的行动指南。如果“重要他人”有和孩子相似的经历，那么孩子遇到同类问题时就会想起他，并观察他处理问题的方法。因为喜爱和信任，孩子很可能会模仿“重要他人”的行为去解决问题。假如孩子能在书中发现类似的情境，并与自己的处境建立关联，就能逐渐提高观察的敏锐度，加深对“重要他人”的情感依恋和信任度。

第二个层级，模仿“重要他人”的情感回应方式。很多时候，现实生活中的问题没有具体的解决办法。这种情形在文学作品中有突出的表现。孙悟空与唐僧有着性格、行为、价值观念上的巨大差异，但他们依然要共同完成取经大业。他们能做的就是改变自己的情感反应方式，让自己逐步适应与特质不同的人群相处。在阅读时，孩子要关注“重要他人”类似的情感反应与回应方式，尝试在自己的生活中运用它，进而逐步形成自己的反应与回应方式，成为善于自我调节的人。

第三个层级，关注“重要他人”的价值观念。文学作品大多会呈现人物思想认识发展变化的历程。当孩子遇到价值观念的冲突时，往往需要在自己信任的人那里验证想法或者探寻出路。这时的“怎么办”一般是价值观念层面的。“重要他人”在引领孩子价值观的形成上，有很大的影响力，这种影响力重复出现、反复强化，能够让孩子形成坚定的价值认同，进而转化为持久的行动。换言之，“重要他人”为孩子示范了人生智慧，也示范了将智慧的信念付诸实践的过程。

如果孩子的“重要他人”能够同时在以上三个层级发挥对话作用，那么家长要努力引导孩子将对话引向深入。以下是孩子与鲁滨逊的深度对话。

### » 第一个层级

“我觉得自己的情况比较麻烦。考试没考好，我对自己特别失望。还有很多事情，我不知道从哪里入手。”

“如今我已经能够静下心来，认真思考自己所处的现实条件和环境了，因此我开始把自己的处境用文字记录下来，这样做的目的倒不是因为想把自己的经历留给步我后尘者阅读，我希望走我这条路的人越少越好，省得我费心每日去开导他们，折磨自己的神经。如今，我的理智已经开始战胜失望情绪，还尽一切可能自我安慰，以好事比坏事，把自己的处境和运气跟更糟糕的人相比。”[①]

“确实，只有情绪，是不能解决问题的，应该分析自己的真实状况，用理智战胜失望的情绪。我也可以像你一样，列一张表，给自己信心。”

» **第二个层级**

“我知道自己应该干什么，可就是干不下去。”

> “对于一个赤手空拳的人来说，这可是一项十分艰巨的任务。可我别无选择，只能硬着头皮干下去。要做的第一件事情是寻找一个理想的地段——也就是说，既要水草茂盛，有吃有喝，又要能遮蔽阳光……这样做比较稳妥，因此我鼓起勇气干起来。”[②]

“如果没有这种执着的精神，你是不能在荒岛上生存下来的。我也是个赤手空拳的人，我也要硬着头皮干下去！”

» **第三个层级**

“你的形象为什么会被那么多人喜爱？”

---

① 笛福 . 鲁滨逊漂流记［M］. 卢欣渝，译 . 北京：中国青年出版社，1995：71.

② 笛福 . 鲁滨逊漂流记［M］. 卢欣渝，译 . 北京：中国青年出版社，1995：164.

“由于我是弟兄中的老三，父母没有特意为我选定任何职业。从很早起，我的头脑中便充满了各式各样的奇思怪想……我除了一门心思只想航海，对其他任何事情都不感兴趣。”①

“你不甘寂寞的冒险精神和不屈不挠的奋斗意志，能带给很多人力量。我也从你身上获得了力量！”

孩子长期处于认知水平高、精神境界高、生活场景丰富的文学形象之间，受到触动的机会就会增多，找到“重要他人”的机会也会增多。如果家长能长期组织家庭阅读活动，不断扩大孩子受到影响的范围，不断加深孩子受到影响的程度，那么我相信，在和孩子一起寻找“重要他人”的过程中，家长也会自然而然地成为孩子的“重要他人”。

3 Minutes 分钟｜工作坊

### 本章学习要点回顾

请你根据自己的理解，用一个词概括“重要他人”的作用。

① 笛福．鲁滨逊漂流记［M］．卢欣渝，译．北京：中国青年出版社，1995：2.

“引领。”

“榜样。”

“激励。”

“启发。”

…………

**请在这里写下你的答案：**______________________________

作为家长，你认为自己在陪孩子寻找“重要他人”的路上，可以做些什么？

“启发孩子重新认识文学作品中的人物形象，让孩子和他们对话，找到解决问题的办法和人生的方向。”

“指导孩子做‘文学形象相册’，收集他认识的文学形象。这样他会更容易找到自己的‘重要他人’。”

“和孩子分享我与我的‘重要他人’之间的故事，提醒她去思考：谁是她的‘重要他人’。”

“努力做一个更好的人，让自己成为孩子的‘重要他人’。”

…………

**请在这里写下你的答案：**______________________________

____________________________________________

无论生活中的“重要他人”，还是文学作品中的“重要他人”，都需要我们有意识地陪孩子一起寻找。我们的“重要他人”曾在某个时期陪伴、影响了我们，希望我们也能在某个时刻，成为孩子的“重要他人”，将榜样的力量传递下去。

## 本章要点

每个人的生命中，都出现过“重要他人”。他们的生活方式、处世原则和价值观念，深深地影响了我们的思想、行动甚至人生选择。

在生活中，高品质的“重要他人”可遇而不可求，而文学作品中的“重要他人”却始终在那里，等着孩子去发现、去了解、去效仿。

无论文学形象相册、文学形象展览会、家庭阅读书单，还是与文学形象的对话，都是孩子开拓视野、获得启发、找到“重要他人”的有效途径。我们要陪伴孩子走过这段路程，帮助孩子发现“重要他人”，启发孩子从“重要他人”身上汲取榜样的力量。

在这个过程中，作为家长，我们会展现“引领者”的魅力，用自己的认知、学习力和价值观，促进孩子的发展。这样的你，已经在不知不觉中，成了孩子的“重要他人”，春风化雨，润物无声。

## 语文学习家庭支持清单

请在你做到的事项前打“√”，并为自己打分。

- ■ **回顾自己生命中的“重要他人”，和孩子分享你们之间的故事** ★★★★★
- ■ **列出下个月的家庭阅读书单，帮孩子从中寻找“重要他人”** ★★★★★
- ■ **指导孩子制作文学形象相册，用于收集他认识的文学形象** ★★★★★
- ■ **组织文学形象展览会 / 座谈会 / 推介会，评选出“家庭文学形象”** ★★★★★
- ■ **引导孩子与文学作品中的“重要他人”对话** ★★★★★
- ■ **努力成为孩子的“重要他人”** ★★★★★

第十章

# 关注人物传记，传承榜样力量

传记是致力于记录和阐释真实生命的输出。

——［英］奈杰尔·汉密尔顿

有一次，我听四年级的语文课，师生在讨论《蟋蟀的住宅》。坐在我旁边的小男孩发言说："我长大也想成为法布尔那样的昆虫学家！"老师称赞他有志向，小男孩兴奋得脸都红了。

下课后，我和老师聊天，谈到了《法布尔传》。这本传记的作者乔治-维克托·勒格罗博士是法布尔的学生兼挚友，长期陪伴法布尔，直到他生命的最后时光。这本书的中文版本由商务印书馆出版发行。法布尔读过《法布尔传》的初稿，他在序言中写道："所以（勒格罗）就在我身旁复原了我曾经长期注视的那个世界，把我的方法、思想以及全部著作和发现压缩在一部感人的传略中，准确地表现出来。”[1] 我建议老师推荐课上发言的小男孩读一读《法布尔传》，了解法布尔真实的科学观察方法和他为昆虫研究付出的辛劳。

过了很长时间，我再次到访那所学校，特意问起小男孩阅读《法布尔传》的情况。老师给我看了他的“读后感”。

> 我没有想到，观察昆虫要花那么长时间，要趴在冬天湿冷的河边，要一动不动地等待。我也没有想到，法布尔的生活经历那么复杂，在他生活的年代，他能坚持观察昆虫、写出那么准确、生动的文字，让人钦佩。“我想成为法布尔”，说出来简单，做到却困难。原来，我关注的是科学家的光荣；现在，我应该先学习科学家的精神。

这孩子真棒！这个事例充分体现了传记的力量——它能展现我们未曾经历的真实的人生历程，让我们在他人的世界里获得更多的体验，拥有更大的力量。从孩子成长的角度来说，我们更应该关注人物传记的作用。

---

① 乔治-维克托·勒格罗. 法布尔传［M］. 杨金平，马雪琨，乔雪梅，邢克超，译. 北京：商务印书馆，2016：序言.

## 阅读人物传记对成长的四重意义

人物传记对儿童成长的意义，至少包含以下四个方面。

其一，生命价值的正确引领。传主大多不是凡人。这些各行各业的伟大人物之所以伟大，之所以被人们铭记，大多是因为他们的人格和精神具有常人没有的特点。他们真实的人生选择与生命状态，让儿童在人生的第一个阶段就看到人类精神的“高标”——他们为人类而不仅仅为自身奋斗，追求精神生活胜于物质生活，面对苦难依旧刚毅顽强，不忘初心，方得始终……雅斯贝尔斯说：“决定教育成功的因素，不在于语言的天才、数学的头脑或者实用的本领，而在于具备精神受震撼的内在准备。”[①]传主经历的真实性，决定了传记所带来的精神震撼的真实性，增加了教育的可能性。“高标”为儿童提供了最早接触的价值观范本，这对他们未来的成长具有非凡的意义。

其二，人格气度的经典示范。传主大多拥有与众不同的人生经历，拥有丰富而独特的人生体验，他们卓尔不凡的个性品质、旺盛蓬勃的生命力量、超越常人的理想信念，都让他们表现出与常人不同的状态。爱因斯坦在悼念居里夫人时曾说：“第一流人物对于时代和历史进程的意义，在其道德品质方面，也许比单纯的才智成就方面还要大。即使是后者，它取决于品格的程度，也

① 雅斯贝尔斯．什么是教育［M］．邹进，译．北京：生活·读书·新知三联书店，1991：109．

远超过通常所认为的那样。”[①] 如果儿童“见过”与日常生活所见不一样的人，“见过”远超常人的人格气度，那么更可能产生对美好人格的向往，形成对未来人生的期许。心中有“楷模”，可能会让人生不一样。

其三，思想历程的深切体验。阅读传记的过程如同“重走大师路”，儿童能够看到“名人之所以成为名人”的探索和奋斗过程，能够看到他们思想发展历程中的实践体验与哲学思考。跟着传主成长的道路走一遍，对提升儿童思维品质、发展儿童思维能力的益处显而易见。茨威格曾在《巴尔扎克传》中这样描述：“在巴尔扎克的书房里，壁炉的上方摆放着唯一的装饰品——拿破仑的小塑像，这位征服者的凝视，使他感觉到了一种挑战。为了勉励自己，他在一张纸条上这样写道：‘他以剑开创的伟业，我将以笔来完成。’”[②]这种伟人对伟人的心灵感召，同样会对儿童产生深远的影响。

其四，职业生涯的真实感受。传主的生活与工作密不可分。传记不仅记录传主的人生经历，而且展示着不同的职业生涯。阅读传记，为儿童提供了走近各个职业领域的机会。王元的《华罗庚》在讲述华罗庚生平的同时，简要介绍了我国近现代数学发展的历程，能够帮助儿童了解中国现代数学知识，激发他们对数学

---

① 玛丽 · 居里 . 居里夫人自传［M］. 杨建邺，译. 哈尔滨：哈尔滨出版社，2003：2.

② 斯蒂芬 · 茨威格 . 巴尔扎克传［M］. 张玉书，译. 北京：人民文学出版社，2014：58.

的热爱。《中国铁路之父——詹天佑》在讲述詹天佑人生历程的同时，呈现了我国现代铁路的发展。阅读这本传记，联系当代高铁的发展，儿童可能会开始关注交通工程的研究领域。

3 Minutes 分钟｜工作坊

### 讲述人物传记对你的影响

请回忆一下：哪部人物传记对你产生过深远的影响？这种影响体现在哪里？

“高中时读的《人类的群星闪耀时》。茨威格用一种戏剧性的方式展现了人类历史上的重大时刻，让我看到了伟人做出的伟大选择是如何影响人类命运的。这本书给我树立了榜样，让我意识到智慧、勇气和意志力对于一个人来说有多么重要。”

“因为喜欢苏轼的词，我读了林语堂的《苏东坡传》，从这本传记中感受到苏轼的智慧、理想，还有他旷达、洒脱的人格。这和我读苏轼的词时的感受是相互印证的。我想，苏轼吸引我的不仅有他的艺术造诣，还有他的人格气度。”

“《霍金传：我的宇宙》。霍金虽然常年饱受疾病的折磨，但是他保持着乐观、幽默的人生态度。他是一个对世界充满好奇、始终仰望星空的人。如果没有这样的精神意志，一个人是很难撑下去的，更不用说取得科学上的成就、鼓舞无数的普通人了。我在遇到困难时就忍不住去想：我的问题有霍金的问题那么棘手吗？答案显然是‘没有’。那我有什么理由不像霍金那样保持乐观、迎难而上呢？”

…………

**请在这里写下你的答案：** ______________________________

______________________________________________

______________________________________________

选择一部人物传记开始阅读，沉浸其中，你的很多潜在的期待会在传主的人生经历中得到不同程度的满足：生活中的困惑得到了解答，长久坚持的价值观得到了印证，获得了巨大的精神力量，以对抗现实中的磨难……

传记具有真实性，这就决定了孩子在其中看到的不只有伟人的伟大，还有伟人的平凡甚至不堪。优秀的传记作品不为尊者讳，如实记录他们的光辉和惨淡，如实呈现他们的卓越与卑微。《大仲马传》的译者秦关根说：“我本来不喜欢大仲马。总觉得他的作品思想境界不够高，人物刻画不够深……然而，我又知道，他的作品似乎有一种永恒的魅力，历来吸引着最广泛的读者，从普通的中学生到马克思这样的革命导师都喜欢读他的书……是的，他浅薄、虚荣、吹牛、好色，这些都叫人讨厌。可是他勤奋、慷慨、乐天、爱法兰西、爱共和国。还有，最可贵的，他真实。”① 真实的力量毋庸赘言：孩子在人物传记中看到了真实的人生，从真实的人生中汲取成功的力量，从真实的人生中吸取失败的教训。

## 为孩子选择传记的五个维度

让孩子阅读传记的目的是实现更好的成长，用真实的力量促进成长的真实发生，让传主对他们产生持久而深远的影响。孩子阅读传记通常是“滚雪球”式的，看完一位传主的传记，从中发现新的线索，跟踪追击。家长可以在孩子 10 岁左右、能够独立阅读的时候，有意识地推荐他们阅读一位他们“正在钦佩”的人物的传记。如果孩子读完第一本传记，自己找到了新的目标，那么家长可以不干预，“让子弹飞一会儿”；如果孩子的阅读中断了，那么家长就要再找机会，为孩子推荐其他人的传记。

---

① 安·莫洛亚．大仲马传［M］．秦关根，译．杭州：浙江文艺出版社，1983：186-187.

出版界每个季度都有专题书单，“世界人物传记”“中国人物传记”是其中的两个类别，家长可以从中为孩子选择图书。此外，还有一些刊登人物传记的期刊，例如《名人传记》《传记文学》《炎黄春秋》《中华儿女》《中华英才》等，它们选择传主的角度各不相同：有些注重人物的历史价值，有些关注人物和政治的关系，有些突出活跃在当下的人物……家长可以定期浏览这些杂志的目录，选择与孩子生活经验相契合的人物，推荐孩子阅读他们的传记。

2014 年，我偶然翻到《北京农业》刊登的一篇人物传记《天鹅王国里的年轻国王》。传主为了追寻儿时的梦想，创办了一个天鹅养殖场，开展了珍禽摄影、表演等项目，推动了濒危动物的保护工作，他打造的大王滩“天鹅湖”当时是全球最大的天鹅人工培育基地。这篇传记不仅让我知道了一个新的职业领域，而且让我对人生选择有了新的认识——“小事随脑，大事随心”在我心里有了真实的注脚。人生的关键时刻就那么几步，看到不同人的不同走法，自己在关键时刻也不至于没有主张。

为孩子选择人物传记时，家长可以关注以下五个维度。

### » 行业领军人物

“开卷数据”根据传主的类型，将传记类图书细分为八个小类：中国历史人物、政治军事人物、财经人物、行业名人、文娱体育名星、社会各界人物、人物合集、家族研究／谱系[①]。优秀人物的经历更具有榜样意义，大多符合我国传统的价值观，能够让孩子接受端端正正的思想教育与人格启迪。尤其要注意的是，每个人生活的时空都有限，很多行业、职业是我们无法直接接触的。从传记中，孩子可以了解多样化的行业与职业，丰富未来的人生选择。

《仁爱一生》的传主是 1979 年获得诺贝尔和平奖的特蕾莎修女，她是著名的慈善工作者，主要为印度加尔各答的穷人服务，以救助受苦受难的人为己任。她的大爱精神超越了国界、超越了时代，是人性美的高峰。

中国少儿出版社出版过一套“世界大人物丛书”，向青少年介绍了在政治、军事、科学、思想、文学、艺术等方面有重要影响和重大贡献，而且对世界历史进程产生过巨大作用的人物。

优秀人物也有与普通人相近的一面，只是受到普遍关注的是他们比普通人更卓越的方面，例如突出的个性、惊险曲折的人生道路、为人瞩目的人生场景等。他们因传奇般的人生，成为一代又一代人心目中的英雄和偶像。这样的传记能够帮助孩子暂时脱离小情绪、小情感，进入大境界，感受大胸怀。长期阅读优秀人物的传记，孩子受到的影响不可估量。

---

① 以开卷“Smart 数据查询分析系统”2023 年 6 月查询数据为准。——编者注

### » 家乡风云人物

我国近代著名经学家、北京大学教授刘师培是江苏扬州仪征人，他撰写过多篇明清时期扬州人的人物传记，传主有地理学家孙兰、明末抗清官员梁于涘、长于易学的蔡廷治、专于词律之学的徐石麟等。在这些传记的指引下，后世得以了解“扬州学派”的整体面貌。生长于扬州的孩子，阅读《刘师培评传》可能有难度，但他们即使不能全部理解，也能从书中获得良好的示范引领作用。各地都有历史文化名人、当代社会名人，阅读家乡风云人物的传记，能让孩子在“人杰地灵”的慨叹中找到人生的榜样。

### » 经历复杂的人物

《李鸿章传》的作者梁启超曾说：“四十年来，中国大事，几无一不与李鸿章有关系。”① 传主复杂的经历能让我们对历史、对人物的命运产生多方面的思考。这部传记需要家长陪伴孩子阅读，家长也可以采取“听书”的方式，让孩子先了解李鸿章的人生经历，再阅读传记，从而对这位传承儒家文化传统的文人、一个深谙中国封建官场之道的官僚、一个外国人眼中的“东方俾斯麦”、一个国人心中颇具争议的历史人物，逐步形成自己的认识和思考。读了《李鸿章传》，孩子很可能对这些在关键历史时期对重大事件有重要影响的人物产生好奇，开始讨论时代背景下的

① 梁启超. 李鸿章传［M］. 北京：商务印书馆，2017：序例.

“大人物与大事件”。这类传记，孩子有些地方“读不懂”也没关系，关键是要“开始读”。

### » 身份特殊的作者

闻一多是中国现代诗人、学者。他的传记有多种版本，受到普遍关注的两种，作者分别是他的学生王康和他的长孙闻黎明。王康在西南联大与闻一多往来密切，是闻家的常客，闻一多先生在昆明出席演讲会、座谈会、讨论会时，他都在场。他的《闻一多传》表达了那代学子对闻一多先生的真情实感。闻黎明是知名历史学家，他的《闻一多传》是多年治学的精华，系统呈现了闻一多先生求学、留美、文化创造、学术研究等方面的人生经历，反映了他为争取民族独立、推进国家现代化的曲折探索和不屈努力，充分体现了他的爱国精神，被视为闻一多传记中最全面、最权威的版本。这样的传记，能为我们提供更为翔实的资料、更为可信的记录。传记作者特殊的身份，赋予他特殊的观察视角，即使书写同一段经历，也能带来不一样的认知。

### » 大时代中的小人物

风云人物的经历固然可歌可泣，不过大时代中的小人物的经历也有非凡的意义。小人物的命运轨迹串起了多姿多彩的人生故事、时代大潮中的悲欢离合，记录着一个时代的心理风貌，展现着风云变幻的历史画卷。梁晓声的《小人物走过大时代》，收录了三十篇散文，每一篇的主人公都是“小人物”——村民、知青、拾荒女、看车人、精神病患者……这些人物的故事都发生在作者身边，他用作家的视角，观察着小人物的生活，展现了时代大潮中那些被洪流裹挟的小人物艰难求生的画面。这本书中的小人物传记，给读者提供了新的视角，让我们在宏大叙事之外，看到一个个具体的人，看到人间真实的悲欢离合、喜怒哀乐。

家长如果能抓住孩子对某件事、某个人、某个时代感兴趣的时间点，“恰逢其时”地向孩子推荐相关的人物传记，会取得更好的教育效果。此外，同一位传主往往有不同版本的传记，家长要根据孩子的阅读能力和偏好选择适合孩子的版本。传记也有多种形态，家长在指导孩子读书的同时，也要关注影视作品。《一轮明月》就是典型的人物传记电影，它用艺术的手法呈现了李叔同的一生；《百年巨匠》是大型人物传记系列纪录片，其中选取的人物均为近代艺术大师、画坛巨匠，如齐白石、黄宾虹、张大千、徐悲鸿等。纪录片能与传记形成良好的互动，共同引领孩子更好地理解时代背景与人物命运，更加直观地感受传主的魅力。

3 Minutes 分钟 | 工作坊

**为孩子推荐人物传记**

请你借助读书网站和电商平台，为孩子推荐一部人物传记，在三句话内向孩子介绍这部书。

“我会推荐《科学家故事100个》。你不是最想当科学家吗？读了这本书，你就知道做一名科学家需要具备什么条件了。”

“爸爸给你推荐一套书：‘名人传记·少年励志成长书系’。这套书介绍了京剧大师梅兰芳、建筑大师贝聿铭、农业科学家袁隆平、物理学家朱光亚和丁肇中五位名人的成长故事。你在生活中遇到困难、不知道该怎么办的时候，可以从这些前辈的经历中获得启发和力量。”

“之前你说要读《论语》，妈妈说你现在可能读不懂，现在妈妈找到了一本《孔子的故事》，就是写给你这么大的小朋友看的，我想你会喜欢。读完这本书，你会了解孔子的一生。到时候妈妈再陪你一起读《论语》，相信我们会更有收获的！”

…………

**请在这里写下你的答案：** ________________________________

________________________________________

________________________________________

________________________________________

________________________________________

在为孩子推荐人物传记时，家长要从孩子的兴趣、需求、生活经验出发，为他们推荐合适的人物作为榜样；也要注意孩子的阅读水平，选择符合他们阅读能力的版本。对年龄比较小的孩子，家长可以选择故事性较强、图文并茂的传记作品。

## 指导传记阅读的三条操作建议

在指导孩子阅读人物传记的过程中，家长可以着重关注以下三个问题。

第一，阅读传记需要经历从具体到抽象的过程。在梳理传主的人生经历的同时，家长也要帮助孩子提炼传主的精神品质。如果孩子阅读了某一类人物的传记，那么家长还要帮助孩子从类型化的角度形成概念。比如，一组民国学者、大学教授的传记——《蔡元培自述》《大学与大师：清华校长梅贻琦传》《竺可桢传》《史家陈寅恪传》《先父张伯苓先生传略》，五位学者都经历了人生的起伏，又拥有共同的理想追求和精神品质，为中国学术的发展和大学的建设做出了卓越的贡献。家长可以引导孩子概括这五位学者的共通之处，帮助孩子形成对“民国大先生”的初步认知。

第二，注意传主的人格特点可能对孩子产生的影响。在讨论人格与职业的相关性时，学界通常会使用的“九型人格”的概念：完美型，原则性强、贯彻始终、诚实可靠，让人信赖；给予型，有爱心和同理心，容易与他人产生共鸣；成就型，精力充沛、活力十足，善于调派人际关系，有凝聚力；艺术型，创造力强，艺术感足；思考型，乐于收集信息，善于管理资料，擅长用类推的方式得出逻辑严密的结论；忠诚型，忠于事业、信念，循规蹈矩，不偏离团队的目标；冒险型，慷慨大方、热情鲁莽；领导型，具有组织才能，能够激励团队成员全力以赴；调停型，和平、稳定，善于妥协，有调解纠纷的能力。家长可以借助传主的人格特点，用传记影响孩子，帮助他们强化优势、补足短板。

**第三，善于利用跨媒介作品，降低传记阅读的难度。**冯至的《杜甫传》是人物传记的经典之作，诗人为诗人作传，视角独特，笔法成熟。不过，孩子读这本书有很大难度。引入英国广播公司拍摄的《伟大诗人杜甫》作为跨媒介阅读的补充，就能大大降低理解难度。这部纪录片用近 1 小时的时间，讲述了杜甫 59 年的人生：从他幼年被姑姑收养开始，讲到他 59 岁去世，被安葬在湖南平江。在探寻杜甫一生历程的过程中，纪录片展现了西安、河南、成都、三峡、长沙、平江等地的风貌，把今天城市居民的生活状态和杜甫的诗歌联系了起来，诠释了杜甫各个时期的心境——杜甫在长沙写《江南逢李龟年》时的快乐心情，被广场上的大妈们通过舞姿淋漓尽致地呈现了出来；杜甫在《阁夜》中对人、自然和宇宙的理解，观众也能通过泛舟长江近距离地感受。视听语言的运用，打破了文字语言的局限，帮助孩子建立更具体的互动，从而感受到杜甫的经历和心情。纪录片的引入，不仅能帮助孩子整体梳理《杜甫传》的内容，在此基础上，还能启发他们发现文字语言和视听语言不同的表达效果。

通过人物传记寻找人生榜样，与在文学形象中寻找“重要他人”，有一定的相通之处。相比虚构的文学作品，人物传记具有独特的真实力量，充分利用传记的真实性，相信孩子一定能在榜样的激励下，获得成长的动力。

3 Minutes 分钟 | 工作坊

## 本章学习要点回顾

通过这一章的学习，你获得了什么样的新认识？

“从前我以为只有大人需要读人物传记，原来小朋友也应该读。”

“可以用纪录片、电影补充传记里的内容，让孩子更好地理解。”

“原来除了书，还有专门发表传记的杂志。读一读杂志，可选的范围就更大了，很方便。”

“可以找一找同乡名人的传记，推荐给孩子。这样能让孩子感觉这些名人更亲切，而且在了解名人的同时，也能对家乡有更多的了解。”

…………

**请在这里写下你的答案：**＿＿＿＿＿＿＿＿＿＿＿＿＿＿＿＿＿＿＿＿

＿＿＿＿＿＿＿＿＿＿＿＿＿＿＿＿＿＿＿＿＿＿＿＿＿＿＿＿＿＿

＿＿＿＿＿＿＿＿＿＿＿＿＿＿＿＿＿＿＿＿＿＿＿＿＿＿＿＿＿＿

你觉得孩子目前最需要解决什么问题，或者最需要哪方面的指引？我们来分析一下，人物传记能否帮孩子解决问题、指引方向。

“孩子在学校和同学闹别扭，好几次哭得很伤心。我想让她知道，朋友有各种各样的类型，大多数朋友只是暂时陪在我们身边，只有很少的朋友能与我们相互理解、相互帮助，共同走过一生。”

人物传记里往往有传主和朋友相互帮助、彼此成就的内容。很多优秀人物的背后，都有几个心意相通的终身挚友。通过观察他们之间的互动，孩子也能获得交友方面的启示。

“孩子从小就学小提琴。最近学习压力比较大，休息的时间越来越少，练琴也成了一种负担。我感觉他挺苦恼的。”

一些伟大的音乐家或者其他领域的佼佼者，他们的传记或许能帮助孩子。他们取得的成就能激励孩子坚持下去，更重要的是，支撑他们在追求艺术的路上走下去的那些意志品质，能让孩子受益终身。

“孩子虽然是班上的‘语文课代表’，但是她的数学成绩不好。越是这样，她对数学就越排斥，这学期偏科更明显了。”

每个人的兴趣点和擅长的事情都不一样。孩子在语文上获得了自信，数学却打击了她的自信。人物传记不仅会记载传主光彩照人的一面，也会记载他们的困惑、弱点甚至失败的经历。孩子能从人物传记中，发现自己遇到的问题是很正常的，无须过度担忧，对热爱的事要全力以赴、精益求精，对不擅长但必须做的事，也要尽最大努力。

…………

**请在这里写下孩子目前最需要解决的问题：**______________________

______________________________________________

**思考人物传记能为孩子带来的帮助：**______________________

______________________________________________

______________________________________________

## 本章要点

家长在为孩子选书的时候，一般倾向于选择虚构类作品。在非虚构类作品中，有一座不应该被忽视的宝藏，那就是人物传记。

各行各业的杰出人物，他们的价值理念、意志品质、人格气度与生命状态，能为孩子提供卓越的范本，对孩子的兴趣、思维、品格乃至人生选择产生深远的影响。这，就是榜样的力量。

家长从孩子的需求出发，为他们推荐合适的人物传记，并且引导他们从人物的经历中提炼出那些宝贵的精神品质，应该成为一项重要的家庭阅读活动。这项活动会成为家庭成员弥足珍贵的共同回忆。借助真实的榜样，通过真实的教育，孩子将从他人真实的生命历程中收获真实的成长。

## 语文学习家庭支持清单

请在你做到的事项前打“√”，并为自己打分。

- ■ **给孩子讲讲你读过的人物传记，分享你的感受和你受到的影响** ★★★★★
- ■ **从电商平台的图书榜单中，找几本适合孩子阅读的人物传记** ★★★★★
- ■ **订阅一种人物传记期刊，每个月从中为孩子挑选 1~2 篇人物传记** ★★★★★
- ■ **根据孩子的兴趣、需要或生活经验，为他推荐 1~2 部人物传记** ★★★★★
- ■ **请孩子讲讲阅读人物传记的收获，和孩子一起梳理传主的精神品质** ★★★★★
- ■ **在孩子阅读多部人物传记后，引导他总结这些人物的共通点** ★★★★★
- ■ **和孩子一起观看一部传记电影或人物纪录片，并听孩子讲讲感受** ★★★★★

第四部分

# 表达<br>思维发展

表达能力的发展具有阶段性和连续性。看图写话是孩子从口语表达到书面语表达的入门阶段，使用游戏化的方式，能让孩子体味游戏的快乐，感受表达的乐趣。复述是丰富孩子语言表达的重要方式，在良好的心理情境中，孩子的情绪得到了释放，也乐于讲述细节、表达感受，其情绪力、思维力和表达力都会同步提升。创意表达的基础是素材的积累，孩子在不同的素材之间建立多种关联，有助于形成新奇的视角与观点，实现“组合式创新”。语言和思维密不可分，孩子表达力的发展，势必带动思维的发展。

# 第十一章
# 看图写话：让孩子爱上表达的“专门化游戏”

☆☆☆

看图写话是儿童实现口语与书面语转换的重要阶段。

☆☆☆

看图写话简单吗？当你看到这个问题的时候，第一反应是什么呢？

我在 2022 年编写过一套专门针对看图写话的教辅图书——《写作力进阶 · 看图写话》。出版之前，我邀请了一些家长带着孩子进行内部测试。在内部测试过程中，由家长和孩子自主选择练习内容，我拿到孩子的作品后，再单独听家长讲述孩子使用的过程和感受。下面是我和其中一位家长的互动情况。

“孩子这次选择的练习是‘参观动物园’。先来回忆一下练习的经过吧。”

“孩子刚上二年级，这个练习虽然有 6 幅图，但是图片内容挺好理解的，我就让他先给我描述一遍。他一拿到图，就知道图上画的是小朋友逛动物园，自信满满地给我一张一张地描述下来。我听着挺不错的，描述得很清楚，我就叫他写下来。结果 15 分钟后，他给我拿来一张纸，歪七扭八地，写了不到 200 字。我就纳闷儿了：刚刚说的时候噼里啪啦，少说也有 600 字，怎么一落到笔头上就憋出这么点儿字？我问他怎么回事，他说他不知道该怎么写，就把这张纸扔给我，跑出去玩了。"

"抛开这个过程不提，单看孩子的作品，你觉得他完成得怎么样？"我把孩子的作品递给这位妈妈。

"这么多拼音，一写错就涂黑，脏兮兮的，而且写得也太短了……是不是他在一年级的时候我对他的语文关注太少了？怎么刚上二年级就跟不上了呢？"她的语气中透露着焦虑，到后来她仿佛不是在回答问题，而是在质疑自己。

我根据经验，试图缓解她的焦虑："孩子是比较典型的二年级男孩，能看全内容却写不出来。不用担心，说全比写全更重要。家长可以在孩子说的时候，把他说的内容录下来，回头誊写下来，和孩子一起回顾。"

"他在学校从来没写过 6 幅图的看图写话，是学校教得太简单了吗？"

"可以带着孩子先测试一下，如果 6 幅图的练习孩子作答得不完整，家长可以试试往前翻一翻，看看 4 幅图的练习，不要着急。孩子以前没做过看图写话的专项训练，要循序渐进。就像上楼梯一样，一步迈两级有些困难，一步跨五级更是不可能，只有一步一级，慢慢往上走，进步才可能一点点积累出来。"

3 Minutes 分钟｜工作坊

## 直面看图写话的问题

根据你的观察，孩子在看图写话时遇到的最大困难或者出现的最明显的问题是什么？

“写得太少。图上那么多内容，就写一两句话。”

“写得多有什么用？写得多，就给你记流水账，事无巨细什么都写上，一点儿起伏、亮点都没有。”

“就几个词来回用。每次开头都是‘一天’，天气好就是‘晴朗’，心情好就是‘高兴’，形容动物就是‘可爱’，形容景色就是‘美丽’。有时，我们特意教他一些新词，他也记不住，下次还是用原来那些。”

“东一句、西一句的，思路特别乱。经常是写完了一件事，再写另一件事，过一会儿又转回头去写第一件事了。我看完了都不知道他在讲什么。”

…………

**请在这里写下你的观察：**______________________________

____________________________________________

对于看图写话，虽然很多家长的第一反应可能是“太简单”，甚至不需要刻意练习，但是看到孩子的作品，大多数家长又会感到不满意甚至焦虑不安，不知道该怎么解决。现在，让我们重新审视开头的问题：看图写话简单吗？

## 看图写话并不只是“看”和“写”

看图写话不仅仅是训练“看”和“写”，它还是促进孩子从观察到表达、从口语表达到书面表达的重要载体，也是引导孩子用文字书写生活、表达情感的重要方式。它要求孩子在观察画面的基础上，梳理信息、补充想象，把所见所感书写下来。通过一系列连贯的认知行为训练，孩子的观察能力、形象思维和逻辑思维能力都能得到发展。

### » 呈现丰富的生活场景

看图写话的内容往往打通了家庭、学校与社会的不同场域，包含了孩子熟悉的大量日常生活情境，涉及亲情、友情、学习、游戏、劳动、安全、文化等方面。读书、上课、春游、做家务、堆雪人、捉迷藏、贴福字、用眼卫生、用电安全等都能成为看图写话的内容，其中有劳动教育、健康教育、安全教育，也有传统文化和民俗活动。这些孩子们并不陌生的场景，充满了亲切感，将孩子的语文学习和生活体验合二为一，让他们在学习中感受熟悉的喜悦。

还有一些看图写话练习，是将动植物或其他事物拟人化，讲述一些具有童话性质的想象故事，比如小猫钓鱼、熊宝宝学骑车等。这类内容虽然是以童话形式呈现的，但在本质上和孩子的日常生活非常接近——主人公经历的、感受的，孩子往往也有过类似的体验，很容易理解，这使他们增加了看图写话的兴趣。

在看图写话的过程中，孩子能看到植物的颜色、动物的神态，能看到家人的关爱、朋友的真诚，能看到校园生活的鲜活、社会生活的多样，能看到做事的完整过程和解决问题的合理办法……在持续的观察中，孩子认识了自然，认识了社会，认识了他人，也认识了自我。

3 Minutes 分钟 | 工作坊

## 生活场景下的看图写话

生活中有一些画面也可以作为看图写话的素材。请你选择一个适合进行看图写话练习的生活场景，说说你的理由。

“我老家在重庆，那里地形特殊，房子大多建在山上，地产商为了提高土地利用率又把楼房盖得很高，到处都是四五十层的住宅。下次带孩子回重庆的时候，我一定要让他写写路边的楼房，看看他能不能写出特点来。”

“我想让女儿写一写一家人一起吃年夜饭的情景。年夜饭有准备的过程，有丰富的菜肴，有一家人的座位次序，有欢声笑语和新年贺词，还有其乐融融的家庭氛围……我想看看她都观察到了什么，能从哪些角度去写。”

“孩子特别喜欢邻居奶奶养的小猫。下次让她仔细观察一下小猫，先用几个词形容它，再展开写一写。可能以后她再看到自己感兴趣的东西，会更留心观察。”

…………

**请在这里写下你的答案：**______________________________

______________________________________________

______________________________________________

» **提升孩子的综合素养**

与其说看图写话是一种语言训练，不如说它是一个多元化的教育现场。除了训练语言表达，看图写话中往往也包含了文化教育和品格教育：有的提醒孩子注意用电安全；有的提醒孩子要保护环境；有的体现了朋友之间的互相帮助；有的描述了一家人的其乐融融；有的鼓励孩子面对困难不要慌；有的告诉孩子有付出才可能有收获……语言发展的进阶，带动着思维的进阶和审美的进阶，也带动着文化品位的进阶和思想品格的进阶。

看图的过程，同时也是审美的过程：孩子通过看图，能看到画面组合之美、色彩搭配之美、情感表现之美。写话的过程，同时也是思维发展的过程：孩子借助能看见的事物去想象看不见的事物，合理的联想和推断促进了孩子形象思维和逻辑思维的发展。看图写话的过程还是道德反思的过程：孩子看到图中人物的行为，再联想自己过去的经历和日常的习惯，或受到鼓舞，或希望有所改变。假如家长能用好看图写话这一抓手，就能引领孩子形成健康的审美意识、良好的思维品质，让孩子形成正确的世界观、人生观和价值观，养成乐于探索、积极思考的良好习惯。

## 巧设坡度和难度，看图写话稳进阶

2022 年 4 月 21 日颁布的《义务教育语文课程标准（2022 年版）》，要求语文教育做好幼小衔接，减缓坡度，降低难度，增加学习内容的趣味性。我在编写《写作力进阶·看图写话》时，特别注意为孩子科学地设计合理的“坡度”，根据一二年级孩子的语言发展规律与精神成长需求，设置了这样的进阶历程：单张图片单一信息—单张图片多个信息—多张图片单一关联—多张图片复杂关联。如此一来，孩子在写话的过程中，就能观察到越来越多的细节，使用越来越丰富的词语，表达的逻辑也能越来越清晰。

## » 初级阶段的写作

《义务教育语文课程标准（2022年版）》在义务教育的四个学段，都对学生提出了“表达与交流”的要求，这里的“表达”包括了书面表达和口语交际，前者就是我们所说的“习作”“写作”。

从写作的形式看，一二年级的孩子重点进行看图写话的练习。到了三四年级，孩子开始接触各种各样的习作，比如写日记、童话故事、便条、书信等。到了五六年级，孩子需要写出简单的作文、读书笔记，还有常见的应用文。上了初中，孩子就要写记叙文、说明文和议论文了，还要尝试创作诗歌和小小说等文学类作品。

家长总认为写作训练是从三年级才开始的，忽略了看图写话这关键的一环。在和家长交流的过程中，我发现很多人都有类似的困惑：“孩子上三年级，突然开始写作文了，不会写怎么办？”实际上，学校对孩子的写作训练和要求，并不是从三年级开始的，早在一二年级，看图写话已经在不知不觉中为孩子未来的写作打下基础了。从看图写话开始，孩子就要学习如何将听说的、看到的、想到的转化为书面语言。形成规范的语言习惯，学会有序地观察，进行合理的联想，都能在看图写话中得到锻炼。三年级以后，有些孩子之所以在写作时遇到很多问题，大多是因为在最初的看图写话阶段没有打好基础。看图写话之于写作的意义，就像四则运算之于数学。

试想，孩子还不具备看图的能力，能否细心地观察周围的世界？当孩子无法准确概括图中的内容时，能否生动地写出想象中的事物？当孩子不能留意图中人物的行为和情绪时，他们能否在作文中描述更为具体的事件，抒发更为真实的情感？孩子的语言能力，不会随着孩子从二年级升到三年级自然而然地突飞猛进；写作能力的提升也不能一蹴而就。在地基尚不牢固的情况下，谁也盖不出安全而稳固的大厦。

### » 循序渐进的训练过程

孩子刚开始说话、写话时，能使用的词语通常是简单的名词和动词，能表达的内容也就是画面上最基本的信息。比如，在图 11-1 中，人物、事件一目了然，孩子很容易就能用“谁在做什么”的形式，把图中的基本内容写出来。

图 11-1　看图写话：吃草莓

随着孩子思维的发展和词汇量的扩大，他们开始能使用一些形容词和副词，能看出来、写出来的内容也就更多了。还以图 11-1 为例，这个阶段的孩子不仅能写出“小猪在吃草莓”，还能写出小猪的衣着、神态以及周围的环境、各种事物的颜色等。

接下来，我们会发现，孩子作品的篇幅越来越长了，从写短句子到写长句子，从写一句话到写一段话甚至写几段话。这时，孩子已经能按顺序去观察几幅图并且讲出一个完整的故事了。比如图 11-2 中，孩子不但能提炼出基本的要素（时间、地点、人物、事件），还能描述人物的表情、动作，讲述事件的起因、经过、结果，甚至能通过自己的想象补充人物的语言和心情。

图 11-2　看图写话：跳绳

图 11-2　看图写话：跳绳（续）

随着孩子的语言能力进一步提升，他们的作品就不再是句子和句子的简单衔接，而是能用比较恰当的关联词去表达句子之间的关系了。同样是图 11-2，在这个阶段，孩子已经能用“一边……一边……”去描述人物同时进行的动作，或用“于是……”表达事件中的顺承关系了。

再发展下去，孩子能表达的逻辑关系会越来越复杂，从最初观察到一组图之间的某一种关系，到能关注一组图之间的多重关系。比如图 11-3，前三幅图描述的都是小女孩不恰当的用眼行为，第四幅图呈现了这些行为导致的结果。前三幅图之间是并列关系，而前三幅图和第四幅图之间是因果关系。如果孩子能概括出“这个小朋友因为有时这样看书，有时那样看书，还有时候那样看书，所以近视了”，就说明孩子准确地抓住了这四幅图之间的复杂关联。

图 11-3　看图写话：爱护眼睛

3 Minutes 分钟 | 工作坊

## 分析孩子的写作优点

早在孩子开始写作文前，我们从他们看图写话的作品中就能看出他们的写作特点了。请你结合孩子看图写话的情况，说一说你看到了孩子在写作方面的哪些优点？

“我记得有一组图讲的是一家人一起出去玩，我儿子想象了他们之间的对话，每个人的说话方式都不一样，特别像我们一家人平时会说的话，尤其是模仿爷爷奶奶说话，惟妙惟肖的。现在想起来，我才发现儿子的观察力其实挺强的。”

“虽然孩子写的篇幅总是不太长，但是麻雀虽小，五脏俱全。一句话就能把时间、地点、人物、天气、环境都写到，概括得很到位。要说同样的图，长篇大论的也能写，写多少字都嫌不够，但是，准确、精练也是一种优点吧！”

“女儿不用我们提示，自己就能给作品分段了。这可能和她平时爱读书有关系吧，她注意到了书里是怎么分段的，自己也就自然而然分段了。因为她会分段，所以我发现她逻辑思维比较强，每段都有一个主要内容，合起来又是一篇完整的文章。这和她平时的性格也很像，这孩子生活中就很认真、很有条理。”

“孩子的语言很生动。有一次描写秋天的落叶，她形容天空的颜色是‘碧蓝碧蓝的’，形容树叶纷纷飘落下来，就像给院子铺上了一条厚厚的金黄色的地毯。碧蓝色配上金黄色，颜色特别鲜艳，本来就很漂亮，她又把落叶比作厚地毯，就更贴切了。读完以后，我眼前直接就有画面了。”

…………

**请在这里写下你的答案：**______________________________

______________________________________________

当我们重新认识看图写话，把它当成“写作的第一步”，再去回顾孩子的作品，就会发现孩子语言和思维上的特点。接受了孩子的独特性，我们就更容易看到孩子作品中的优点和进步，帮助他们发挥优势、填补不足。

## 让看图写话更有趣的四种互动游戏

看图写话是写作的前积累阶段，承载了“地基”的作用。这并不意味着家长和孩子要“如临大敌”，将它看作一个艰巨的任务，进行乏味而机械的训练。看图写话可以挖掘出很多乐趣，我们完全可以把它当作一场亲子之间的互动游戏。

### » “四句话”串联指导过程

在引导孩子完成看图写话练习的过程中，建议家长采用从说到写的渐进方式。在这个过程中，家长可以用到下面这四句话。

“请你看看这张图。”

请孩子一边看图，一边用简洁的语言说出图中的基本内容。等孩子说完，家长可以提醒孩子把图看全，说出之前遗漏的部分。如果孩子说不全也不要着急，可以通过提问或提示启发孩子发现问题，修正自己的表述。

**“你能展开讲讲这幅图吗？”**

如果说第一句话旨在帮助孩子“看全”，那么这句话就是在帮助孩子“看细”。在孩子详细表述的同时，家长可以提醒孩子使用一些句式或结构（如“因为……所以……”“先……又……然后……最后……”等），厘清逻辑关系，将图中的内容清楚、有序地表达出来。在这个过程中，可以使用录音设备，将孩子说的内容记录下来，也可以直接做文字记录。

**“请把你刚才说的写下来吧。”**

对孩子来说，写比说难得多，因此孩子会出现“说得很多，写得很少”的情况。在孩子写完后，家长可以和孩子一起，将“写的内容”与之前记录下来的“说的内容”对比一下，找找不同之处，帮助孩子补充或者请孩子自己补充。经过一段时间的训练，孩子将“所说”转化为“所写”的比例会逐渐提升。

**“咱们来读一读吧！”**

每写完一篇作品，朗读都是一个必不可少的环节。家长可以先读一读孩子的作品，让孩子感受到父母对自己的欣赏，然后请孩子自己读一读，录下来，作为一项成长记录。在朗读的过程中，孩子也可能发现作品的问题，想进一步完善，这是一个非常好的习惯。长此以往，孩子会将检查、修改的习惯延伸到其他学习情境中，对自己提出适当的学习要求。

上面这四句话仅仅代表了家长引导孩子的基本流程，更多的内容需要根据图片内容和孩子的情况随机应变。

假如图片的内容是堆雪人，而孩子并没有堆过雪人，甚至也没有见过比较大的雪，我们可以用自己的生活经验帮助孩子填补空白。比如和孩子分享自己儿时堆雪人的经历，和孩子一起看看动画片《雪孩子》，看一看描绘北国风光的图片或影片；也可以用橡皮泥或超轻黏土等材料，一边动手示范，一边给孩子讲解堆雪人的过程，帮助孩子加深理解。

假如图片的内容是小朋友接待客人的经过，我们可以问问孩子："接待客人的时候，可能用到哪些礼貌用语？"帮助孩子积累相关词语，丰富语言表达。家长还可以抓住这次练习的机会，提升孩子的安全防范意识，提醒孩子：独自接待客人之前，要先征得父母的同意，在保证自身安全的情况下，做到礼貌待客。

3 Minutes 分钟 | 工作坊

### 模拟引导过程

请你选择一幅图或一组图，想象一下：假如带孩子练习看图写话，你会怎样进行引导？

"我选的图是《小兔子过桥》。我会先让孩子看看图，把图中的基本内容说出来，比如时间、地点、人物、事件。然后，让孩子详细讲讲，把刚才的基本内容扩展成一个比较完整的故事。如果孩子不知道怎么讲，我可能会提醒他注意图中小动物的表情，猜猜它们在想什么、说什么。这样，孩子能说出来的内容就更多、更全了。接下来，我会让孩子把作品写下来，一起看看他写得准不准确、全不全面。最后，我再和孩子分别读一读他的作品，针对优点给孩子鼓励，如果发现了不足，也提示他去修改。”

“我选《拔牙》这个练习。孩子平时就爱吃糖，每次都要给他讲道理，他也没怎么往心里去。正好这几幅图讲的是小男孩吃了太多的糖果，结果牙疼了，去医院拔了牙。我会让孩子先讲一讲整个故事，然后问问孩子知不知道小男孩为什么会牙疼。如果孩子说‘知道’，我会请他给我讲一讲；如果他说‘不知道’，我会和他一起查查资料，看看蛀牙是怎么形成的。我觉得经过这么一个过程，他应该会对这件事印象挺深的，不用我再多说什么，他再吃糖时也会想想后果。他可最害怕看牙医了（笑）。”

“我选《看长颈鹿》这幅图。我女儿平时最喜欢动物，也总去动物园，我想她写这个可能会联想到平时的经历。我会先听她怎么描述这幅图，然后问问她之前在动物园里看到的长颈鹿是什么样的，看长颈鹿的时候有什么感觉、想到了什么。启发她去体会图中小朋友的感受，把她自己的想法和感情融入作品。”

“我的两个孩子正好一个在一年级，一个在二年级，我选《帮助》这个练习，里面出现了两个小动物——小狮子和小鹿，我会请他们兄妹俩分别扮演小狮子和小鹿，把故事表演出来，想象一下小狮子和小鹿分别会说什么。等表演完了，再让他们讲一讲自己扮演角色的心路历程：小狮子下雨没带伞是什么心情；小鹿帮助了小狮子，这时它们分别是什么心情；它们俩回家一起做蛋糕，又是什么心情……然后请孩子们讲一讲自己平时的经历：有没有帮助过别人或者接受过别人的帮助？他们彼此之间有没有互相帮助过？这样一引导，孩子收获的就不光是一篇看图写话了，还能去思考互相帮助带给人的感动和快乐，在生活中更愿意去帮助别人。”

…………

**请在这里写下你的答案：** ______________________________

______________________________________________

______________________________________________

______________________________________________

在引导孩子看图写话的时候，我们依据对孩子的了解，可以预判某些情况，比如可以在哪些方面进行引导、孩子可能的回答等。另一些情况是需要一点儿“教育机智”的——当孩子说出了我们意料之外的答案时，假如我们能敏锐地察觉这个答案可以引向什么样的教育方向，就能“以不变应万变”地做出引导了。

### » 创建“词汇卡片”

在看图写话的过程中，孩子的词汇量是决定作品质量的关键因素。很多家长苦于孩子“说不出”或“总是用同样的词语”。创建“词汇卡片”，帮孩子丰富词汇量，就能在很大程度上解决这类问题。

词汇卡片的形式有点类似于好词好句摘抄本，只不过使用起来更为灵活。家长可以请孩子在卡片上写下他新学到、还不太熟悉的词语；条件允许的话，还可以用不同颜色的卡片，简单区分词语类别，如人物、事物、数量、颜色、动作、表情、感受等。随着孩子积累的词汇卡片越来越多，他在看图写话时可以参考的素材也就越来越丰富；对某个新词，孩子每在一篇作品中使用一次，他对这个词语的印象就会加深一分，对它的用法也更熟悉一分。渐渐地，不太熟悉的新词会转化为熟练掌握的词语，进入孩子的词汇库。随着词汇库的日益扩大，孩子就能主动调用合适的词语进行表达，对词汇卡片的依赖也会越来越少。

除了词汇卡片，我们还可以为孩子准备空白的标签贴纸。对于那些很生动而孩子又很不熟悉的词语，可以为它多制作几张词语贴纸，请孩子在需要用到这个词的时候，将它贴在图片旁边，或者直接贴在作文本上，辅助写作。

---

词语贴纸的作用是丰富孩子的词汇。受到词汇储备的限制，孩子看到的内容远远大于他能表达出来的内容。在孩子的眼中，贴纸上的词语大致可以分为三类——没见过的、见过没用过的、见过也用过的，家长要有意识地鼓励孩子多选用没见过的、见过没用过的词语，让贴纸成为扩大孩子词汇量的有力工具。贴纸可以在孩子思考的过程中使用，也可以作为思考的结果直接贴在作文本上，“嵌入”孩子熟悉的句子之中。用在作文本上的词语贴纸有别于手写字，孩子回读的过程也是巩固积累的过程。[①]

---

无论词汇卡片还是词语贴纸，都有助于孩子把图中的内容表

① 吴欣歆，尹秋鸽．写作力进阶·看图写话家长锦囊［M］．北京：中国和平出版社，2022：2.

达得完整、详细、生动。它们能让孩子看到口语之外更加准确、更加精致的语言，让孩子从日常的口语表达进阶到书面表达。

### » 分角色对话

引导孩子进行看图写话的过程中，会出现一些家庭教育的契机。有时，家长习惯于将道理直白地讲给孩子听，比如看到图11-4，忍不住对孩子说：“你看看，这个在岸边哭鼻子的小猴像不像你？”“你应该向捞皮球的小猴学习，遇到问题想办法解决，而不是哭。”的确，这幅图是一个很好的教育契机，尽管如此，我们也可以用更为巧妙的方式完成这次即兴的教育。

图 11-4　看图写话：聪明的小猴

我们可以和孩子分别扮演图中的两只小猴，请孩子扮演那只聪明的、遇事不慌的小猴，而我们扮演那只急得直哭的小猴。两只小猴会怎么对话呢？

“呜呜呜，我的球掉进水里了，没有球玩了，怎么办呀？”

“别着急，让我来想想办法。有了！我帮你把球取上来！”

通过这样一段对话，孩子看图写话的准备工作就完成了，我们所期待的教育目标也达成了。图片上的内容一目了然，孩子很容易通过对比看出两只小猴的区别。我们无须多言，只要稍加点拨，就能帮孩子领会图片背后的“醍醐味”。

### » 作品展示

孩子每写完一篇作品，就在家人面前朗读一遍，这本身就是一个展示的过程。朗读作品的过程，也是孩子识字、记忆词语、丰富语言表达和提升语感的过程。

家长还可以将孩子的作品装订成册，形成作品集，为孩子留下童年回忆和成长的足迹；也可以将孩子看图说话的录音、录像保留下来，让孩子更为直观地看到自己的进步。孩子的作品积累到一定数量，全家人还可以组织一场佳作“品读会”“评选会”，或者单纯地欣赏孩子的作品，给予赞许和鼓励，或者由家庭成员各自提名“最佳作品”，分别说出提名的理由，最后投票选出最佳作品，请孩子发表“获奖感言”。

无论用哪一种形式展示作品，都可以帮孩子建立写作的自信，收获满满的成就感。

在带孩子练习看图写话的过程中，家长一定不要着急。孩子的手部肌肉还不够发达，他们写字远比我们想象中的更累、更辛苦，所以写得慢、写得少，都是正常的。不要太过关注孩子作品的字数，甚至因字数少感到焦虑，而要关注孩子是否写出了图中的基本内容，有没有用到新学会的词语，是否有一定的内在逻辑，多看到孩子作品的可取之处，欣赏和鼓励他们，同时有针对性地运用策略，帮助孩子提升。

曾有一位家长，当孩子通过想象写出了很多画面上没有的细节时，她感到非常困惑，不知道孩子这样写在考试时会不会因为写的内容与画面不符而被扣分。这代表了家长在教育中一种较为普遍的心态——孩子和我想的不一样或者和别的孩子想的不一样，是不是有问题？从同一幅图上，每个孩子都能读出不同的内容，他们的思维方式不一样，观察的重点也不一样。家长要理解和尊重孩子的独特性，鼓励他们用自己的语言描述看到的一切。看图写话也没有固定的写作模板，不必非要按照“从上到下、从左到右”的顺序，或者按照“起因—经过—结果”的模式去写。有些图片能够激发孩子的创作灵感，他们甚至可以把图中的内容写成富有节奏感和韵律感的小诗，这是非常值得鼓励的。孩子的个性化表达不该被条条框框限制。

假如你希望摆脱功利式教育带来的焦虑，不妨从和孩子一起进行看图写话游戏开始，试着心气平和地为孩子提供高质量的支持与陪伴。家长的心气平和是孩子心理健康的重要保障，家庭教育的秩序和节奏是孩子学业发展的基础——内心舒畅、方法得当、充满信心，这才是家庭教育应有的模样。

3 Minutes 分钟 | 工作坊

### 本章学习要点回顾

通过本章的学习，你对看图写话有了哪些新认识？

“以前没觉得看图写话是一个很有必要的学习内容，就觉得和孩子看绘本、讲故事是一样的。现在才知道它原来是写作的初级阶段，与孩子未来的写作能力挂钩，需要重视起来。”

“看图写话一点儿也不简单，它给孩子提供的内容很丰富，锻炼孩子多方面的能力，有语言能力、思维能力，还有情感、品质。当然，这也取决于家长的引导，家长能引导孩子发散的方向越多、思考得越深入，孩子的收获肯定也越大。”

“我没怎么关注过孩子的看图写话，也不知道看图写话的难度是进阶的，孩子的作品在语言和逻辑上也是不断进阶的。回去得把孩子以前写的作品找一找，按顺序排一排，主要看看他有哪些进步，和他一起总结一下，也算给我自己补上一课吧。”

…………

**请在这里写下你的答案：**________________________________

________________________________________________

根据孩子目前的看图写话情况，你打算用哪种游戏形式，帮助他获得什么样的提升？

“儿子刚上一年级，词汇积累还不太够，总是反复用他熟悉的、比较常见的词，语言表达不生动。我想给他做一些词汇卡片，让他多用一用自己不熟悉的词语，提升书面表达。”

“家有二宝，特别适合分角色对话，演完一遍，要写什么基本就理顺了，省得各自憋了半天，也没有思路。要是他们都想扮演同一个角色，还可以让他们先演一遍，再交换角色演一遍，这样还能激发他们换位思考。”

“平时都是我辅导孩子语文，我觉得引导孩子从说到写的过程很适合我，我和孩子坐在一起就能完成。而且我的孩子很善于举一反三，我想只要稍加引导，她的收获就能挺大的。”

“佳作品读会吧。我们家人口多，特别适合这种大型家庭活动。孩子在学习上有点儿缺乏信心，也偷偷和我说过，希望我平时多表扬她、鼓励她。她做看图写话的练习有半年了，攒了30多篇作品，够开品读会了。等她建立了一些信心，我们还可以开佳作评选会，让她发表获奖感言，她会更有成就感的。”

…………

**请在这里写下你的答案：**________________________________

______________________________________________

通过亲子之间的对话和表演，孩子能从图中发现更多的“秘密”；通过词汇卡片，孩子能更加准确、形象地描述自己的发现；通过作品展示，孩子能感到被尊重、被认可，体会到语言表达的重要与美好。在家长的支持和鼓励下，孩子能从看图写话中收获满满的乐趣与自信。

## 本章要点

在众多的语文专项练习中，看图写话是最容易被忽略的项目之一。看图写话作为写作的初级阶段，是孩子从说到写的过渡，为孩子将来的写作奠定了基础。看图写话内容丰富，能启发孩子观察世界、思考情境、体会他人、感受自我；它的训练目标也很多样，不仅有提升孩子的书面表达能力，还有带动孩子思维、审美、文化和品格的进步。

当然，这并不意味着家长要以辛苦陪学的方式“监督”孩子完成看图写话的训练，将它转化为一种专门化的游戏，会发现它能给亲子双方带来更大的收获——引导、对话、朗读、记录……在生动有趣的家庭活动中，孩子完成了学习目标，家长也获得了意外的惊喜。

每一篇作品，都承载着一段值得回忆的亲子时光。

## 语文学习家庭支持清单

请在你做到的事项前打“√”，并为自己打分。

- ■ **和孩子一起整理看图写话作品，按时间排序，总结孩子的进步和优点** ★★★★★
- ■ **引导孩子从说到写，完成看图写话练习** ★★★★★
- ■ **用录音记录孩子看图说话的内容** ★★★★★
- ■ **请孩子对照“说的内容”完善“写的内容”** ★★★★★
- ■ **孩子写完作品后，和孩子分别朗读一遍，录下来，记录孩子的进步** ★★★★★
- ■ **和孩子一起创建词汇卡片或制作词语贴纸，扩大词汇量，辅助写作** ★★★★★
- ■ **和孩子分角色对话，启发孩子体会人物的感受、领会图片背后的道理** ★★★★★
- ■ **组织佳作品读会或佳作评选会，让孩子展示作品、树立自信** ★★★★★

## 第十二章
# 用好引导复述，锻炼孩子的情绪力、思维力、表达力

儿童的智力成长取决于他所掌握的思维的社会工具，也就是说，取决于语言。

——［苏联］维果茨基

请你想象这样一个情景，孩子气冲冲地跑进来，告诉你：“我再也不跟小龙玩了！”这时候，你会怎么处理呢？你可以引导孩子“从头开始”复述他的经历。

“刚刚你和小龙一起堆沙子，你们打算堆成什么呀？”

“堆一个四合院。”

“那很好啊！你们是怎么开始的？建造的过程顺利吗？”

“一开始还挺顺利的。后来，小龙说四合院四边都是房子，我和他说大门那边没有房子，小龙就把我推开了！”

“详细讲讲。小龙是怎么说的？你又是怎么说的？”

“小龙说：‘你又没去过四合院，根本不知道！’我说：‘我见过

平面图。’小龙说：‘那就是你不会看图！’我说：‘我会！’小龙说：‘不玩拉倒，我自己盖。’我就回来了。”

“你是从小龙说哪句话开始生气的？”

“小龙说：‘你没去过，根本不知道！’我就生气了。后来，我大声说：‘我见过平面图。’小龙也大声说：‘那就是你不会看图！’比我的声音还大！我就用更大的声音说：‘我会！’小龙根本不听我说，也不看我，就说了一句‘不玩拉倒’，我更生气了，就回来了。”

“咱们再来看看四合院的图好不好？”

“好。”

看完图，孩子知道他理解错了，他还发现四合院可以有两进、三进。而且，经过他的仔细回忆，小龙实际上也并没有做出“推开”他的动作。

“你现在打算怎么办呢？”

“我想回去向小龙道歉，希望他同意我和他一起盖四合院。”

“那你打算怎么说呢？”

“我会说：‘小龙，我查了四合院的图，是四面都有房子的。对不起，刚才是我错了。’小龙说：‘没关系，你还玩吗？’我说：‘我还想玩。我还知道四合院有两进、三进的，你想听听吗？’小龙说：‘好呀，你先比画比画。’我就比画比画，然后我们俩一起盖一个两进的四合院。”

通常，在第一轮复述后，孩子就会暂时搁置情绪，将注意力转移到事情本身；第二轮复述后，孩子会开始反思自己的行为，将注意力转移到自己处理事情的方式上；第三轮复述是“创意复述”，能帮助孩子做好解决问题的语言准备和心理准备。

类似的情形在生活中很常见。简单地说，右脑负责记住情绪，左脑负责处理情绪。孩子需要在家人的帮助下启动左脑，尤其是在他情绪失控的时候。家长引导孩子复述自己的经历，其实就是在帮助孩子借助回忆启用左脑做出判断——到底发生了什么，是什么引起了我的不良情绪。这样，孩子就能逐步学会用合理的方式回应那些引发强烈情绪的场景和事件，逐渐学会整合左右脑的功能，理解自己面对的情境，将注意力转移到合理的地方了。

因此，“复述”是一种重要的教养方式。让孩子完整地复述、回顾自己的经历，尽量还原情境细节，不仅能够缓解孩子眼前的痛苦，还能启发他在未来使用合理的方式应对复杂的情境。

3 Minutes 分钟 | 工作坊

## 分享可以引导复述的场景

请回忆你与孩子相处的经历，哪一个情境可以引导他们复述？请分享这个情境，想象一下：你会怎样引导孩子复述？可能达到怎样的效果？

“女儿刚学游泳时，有一次呛水了，吓得哇哇大哭。如果我们回到当时，我会问她：‘刚刚怎么啦？’女儿说：‘我呛水了。’我问她：‘为什么会呛水呢？’她可能说：‘在水里不能吸气，吸气就呛水了。’我再问：‘刚刚为什么在水下吸气了？’她可能说：‘换气的时候着急了。’我问：‘为什么着急换气呢？’她可能说：‘想快点儿游到对岸，游完这一圈儿就休息了。’我会说：‘如果感觉累了，可以和妈妈说，不用非得游完这一圈儿。如果想坚持游完，就要保持精神集中，不要着急。’我想，经过这么一轮对话，孩子应该已经忘记害怕了，而且下次也知道游泳的时候要注意安全了。”

“孩子是奶奶带大的，去年奶奶因突发心脏病去世了，孩子哭得不行。我会对他说：‘你现在在想什么呢？’孩子可能说：‘想起奶奶给我做好吃的，还有和奶奶一起出去玩。’我问：‘最喜欢奶奶给你做的什么好吃的？’孩子可能说：‘西红柿炒鸡蛋，还有地三鲜。’我再问：‘那你和奶奶都去过哪里玩呢？’孩子可能说：‘小公园、动物园，还有游乐场。我们还一起去过四川，看大熊猫。’我会对孩子说：‘咱们在家里找找，看看哪些东西能让我们想起奶奶。’等孩子和我找了一圈儿，我们睹物思人，怀念了奶奶，我再对他说：‘所以我们有这么多关于奶奶的美好回忆，我们想起奶奶，就像奶奶还在一样。’我想这种方式应该比回避死亡这个话题的做法更好，孩子也需要一个情绪的出口。”

“俩儿子都特别喜欢坐过山车，每次去游乐场都要坐好几遍。但我害怕，不敢坐，我就让哥哥带着弟弟坐，我在下面等。下次再去游乐场，趁他们刚玩完下来正兴奋的时候，我得问问他们为什么这么爱坐过山车。哥哥的理由可能是‘喜欢体验风一样的感觉’，弟弟的理由可能是‘像坐上宇宙飞船’。那我就让他们再详细描述一下各自所说的感觉。下次，他们可能会更关注自己内心的感受。”

…………

**请在这里记录你的经验和想法：**______________________________

__________________________________________________

__________________________________________________

__________________________________________________

强烈的情绪体验既包括负面情绪，也包括正面情绪。家长需要抓住时机，通过引导复述，让孩子从情绪中冷静下来，更加清楚地理解他所经历的事情。

## 复述的四个能力层级

《红楼梦》第二十七回《滴翠亭杨妃戏彩蝶 埋香冢飞燕泣残红》中，有一段“顶级”复述。凤姐儿让宝玉的丫鬟红玉去她房里带话、取东西，这里有一段对话。

> 红玉道：“我是宝二爷房里的。”凤姐听了笑道：“嗳哟！你原来是宝玉房里的，怪道呢。也罢了，等他问，我替你说。你到我们家，告诉你平姐姐：外头屋里桌子上汝窑盘子架儿底下放着一卷银子，那是一百六十两，给绣匠的工价，等张材家的来要，当面称给他瞧了，再给他拿去。再里头床头间有一个小荷包拿了来。”①

红玉取完了东西，平儿又让她回去给凤姐儿捎个话。红玉是怎么回话的呢？

> （红玉）到了李氏房中，果见凤姐儿在这里和李氏说话儿呢。红玉上来回道：“平姐姐说，奶奶刚出来了，他就把银子收了起来，才张材家的来讨，当面称了给他拿去了。”说着将荷包递了上去，又道：“平姐姐教我回奶奶：才旺儿进来讨奶奶的示下，好往那家子去。平姐姐就把那话按着奶奶的主意打发他去了。”凤姐笑道：“他怎么按

① 曹雪芹．无名氏．红楼梦［M］．北京：人民文学出版社，2008：365-366.

我的主意打发去了？”红玉道：“平姐姐说：我们奶奶问这里奶奶好。原是我们二爷不在家，虽然迟了两天，只管请奶奶放心。等五奶奶好些，我们奶奶还会了五奶奶来瞧奶奶呢。五奶奶前儿打发了人来说，舅奶奶带了信来了，问奶奶好，还要和这里的姑奶奶寻两丸延年神验万全丹。若有了，奶奶打发人来，只管送在我们奶奶这里。明儿有人去，就顺路给那边舅奶奶带去的。”

话未说完，李氏道：“嗳哟哟！这些话我就不懂了。什么‘奶奶’‘爷爷’的一大堆。”凤姐笑道：“怨不得你不懂，这是四五门子的话呢。”说着，又向红玉笑道：“好孩子，难为你说的齐全，别像他们扭扭捏捏的蚊子似的。嫂子你不知道，如今除了我随手使的几个丫头老婆之外，我就怕和他们说话。他们必定把一句话拉长了作两三截儿，咬文咬字，拿着腔儿，哼哼唧唧的，急的我冒火，他们那里知道！先时我们平儿也是这么着，我就问着他：难道必定装蚊子哼哼就是美人了？说了几遭，才好些儿了。”李宫裁笑道：“都像你泼皮破落户才好。”凤姐又道：“这一个丫头就好。方才两遭，说话虽不多，听那口声就简断。”说着又向红玉笑道：“你明儿服侍我去罢。我认你做女儿，我一调理，你就出息了。”[①]

① 曹雪芹．无名氏．红楼梦［M］．北京：人民文学出版社，2008：366-367.

3 Minutes 分钟｜工作坊

## 红玉的转述高级在哪里

红玉的转述可以代表转述的最高水平。她“高”在哪里呢？请你从人称、次序、时间和地点转换等角度，发表你的观点。

“比较简单的事，红玉就间接引用了平儿的话，把事情概括清楚了。大段的话，她再直接引用平儿的话，用平儿的语气说出来，这样能让人听得更明白。”

“凤姐儿吩咐了她两件事：一是转告平儿把银子称给张材家的；二是把小荷包拿来。她回话的时候，也是一件件按顺序回的，先说了银子的事，然后把荷包给了凤姐儿，最后又转述了平儿的话，特别有条理，一点儿都不乱。”

“转述平儿那段话的时候，最有难度，就像李纨说的：‘奶奶’‘爷爷’的一大堆。红玉转述的时候，用了一些修饰语来区分这几位奶奶。‘我们奶奶’指的当然是凤姐儿了；‘这里奶奶’，指的是旺儿要去的那家的奶奶；另外，还有一位‘五奶奶’、一位‘舅奶奶’和这家的一位‘姑奶奶’。不了解情况的人听起来都是‘奶奶’，但了解情况的人一听就明白谁是谁了。”

…………

**请在这里写下你的答案：**________________________________

____________________________________________

____________________________________________

红玉的复述内容完整、顺序合理，指代清楚，而且目的很明确，只为让凤姐儿听明白，关注了复述的目的和对象，因此可以让伶牙俐齿的凤姐儿高看一眼。

用语文学习的概念来说，红玉做的是“转述”工作，属于复述能力的最高水平。语文学习里的“复述”可以分为四个层级。

**第一级，简单复述。**简单复述需要说清楚基本要素，比如，“谁，做了什么，结果怎么样”“在哪里，出现了什么”。在日常生活中，家长经常会让孩子“去看看”。孩子看到了什么？家长要用引导性的对话，帮助孩子把主要的人物、事件、场景、对话复述完整。“简单”是相对“具体”而言的，而不是“残缺”，善于引导复述的家长能帮孩子较早地树立“表达完整”的意识。

**第二级，详细复述。**在简单复述的基础上，家长要引领孩子说出重要的细节，比如重要的动作过程、对话内容、表情变化等。成年人的生活经验比孩子丰富得多，如果成年人专注于引领，那么一般都能找到需要“补充”的细节。在家长反复引导的过程中，孩子就能够逐渐形成“对象意识”，也就是揣摩对象的需要，并且努力满足这种需要。孩子能够意识到“他人的存在”“他人的需求”，这是脱离“以自我为中心”的重要标志。

第三级，想象复述。民间故事大多是用口耳相传的形式留存下来的，它们通常会在情节设计、形象塑造等方面留有空白。在故事流传的过程中，这些空白不断被“听故事的人”填补。当“听故事的人”变身为“讲故事的人”，他们又会根据自己的想象补充情节，这就使故事内容变得越来越丰富了。家长在引导孩子复述故事的时候，一定要紧紧跟随孩子的思路，遇到可以展开想象的地方，停下来问一问孩子：“后来呢？”“它是怎么飞走的？”这能让孩子意识到：在复述故事的过程中，想象是被允许、被提倡的。

第四级，有目的的转述。普通的复述要求“原封不动”，转述还要在“原封不动”的基础上，根据目的和对象突出要点，准确地转换人称、时间和地点。前文中，红玉的转述就根据凤姐儿的需要，选择了关键要点，人称转换准确，时间排序合理，指示代词“这”和“那”使用得非常恰当，呈现了转述的最高水平。特别值得注意的是，在转述的过程中，使用真实的人名，更容易清晰地呈现信息。红玉将代称、尊称都用得恰到好处，她的表达能力确实远远超过了其他丫鬟。

对照本章的开头部分，孩子的第一轮复述是简单复述，只说出了人物和事件；第二轮则是详细复述，补充了人物的语言和语气；第三轮是想象复述，合理推演了可能出现的情景。等孩子堆完四合院，家长还可以引导孩子向另一位家人从头至尾转述整个过程。转述的目的，除了让更多的人了解孩子的经历和感受，还有锻炼孩子的复述能力。复述的这四个能力层级是长期发展的进阶目标，每次引导，家长都要帮助孩子，在现有的复述水平上进阶。假如孩子说不出更多的内容，家长可以辅助、引导，就像本章开头的妈妈那样。

## 引导复述的关键：对话、支架及耐心

下面是引导复述的一些常用策略，家长要根据孩子不同的个性特征，在实际操作中不断积累经验，以期为孩子提供真实的帮助。

### » 引导性对话

引导性对话类似“半结构化访谈”，家长清楚地知道引导的方向，能按照复述的层级发展去引导。从孩子开始复述，家长就要自觉按照儿童的心理特点开展引导性对话。

☆☆☆

“半结构化访谈”是按照粗线条的访谈提纲进行的非正式访谈。访谈者只会粗略地规划要采访的问题，在访谈时，再根据实际情况，灵活地调整具体问题、问题的顺序、提问的方式等。

☆☆☆

“东东打我了！”这个时候，孩子的情绪比较激动，家长如果问“他为什么打你”，容易导致孩子的情绪更加激动。按照复述的层级发展，家长引导的方向首先应该是让孩子回忆刚刚发生的事，将孩子的注意力转移到活动的场景，暂时搁置情绪。

“你们刚刚在做什么呢？”

“我们在玩乐高。”

“是哪一款乐高？”

“停车场。”

“是在客厅里玩的吗？”

“嗯。”

这个时候，孩子的情绪基本就平稳下来了。接下来，家长再按照事件发生、发展的具体情形去引导。

“你们本来打算怎么玩？”

“我们想建好停车场，然后玩四驱车。”

“后来呢？”

“后来东东想建两层的，我想建三层的。我们吵起来了。”

“后来呢？”

“东东推了我一把，我摔倒了。”

引导性对话有三个关键，分别是“转向”“延展”和“补充”。家长要有意识地帮助孩子转移注意力，把对话引向复述事实，而不是单纯地表达情绪；要善于使用“后来呢”，帮助孩子完整地复述事情的经过。

接下来，家长引导的方向就是事件中每个人的语言细节和行动细节了。老话说：“小声引大声，轻下惹重下。”争吵总是从语言到动作不断升级的——孩子间的冲突大多如此。家长问清双方的语言细节和动作细节后，可以找到合适的契机，和孩子讲讲如何化解冲突，帮助孩子借助想象复述，推演出相对合适的处理方法。孩子的思维方式主要是具象的，抽象的道理对他们的帮助不大。只有孩子的心中出现了规避冲突、化解冲突的真实图景，他们才有可能在现实中付诸行动。

### » 复述的支架

家庭读写活动中的复述与日常生活中的复述，在能力层级上没有不同。这两种复述活动形成合力，对孩子的帮助会更大。在读写活动中，家长通过“设计”，为孩子准备好复述的支架，有助于孩子有序地实现复述能力的进阶。

复述的支架通常有三种：图片支架、词语支架和句子支架。

1. 图片支架

图片支架包括具象图片和抽象图片。具象图片能够直观地呈现事实性信息，复述的过程类似于“看图说话”。比如《爬山虎的脚》这篇文章，根据它的内容，我们可以为孩子提供一组图片（见图 12-1），让孩子借助图片，复述原文的内容。

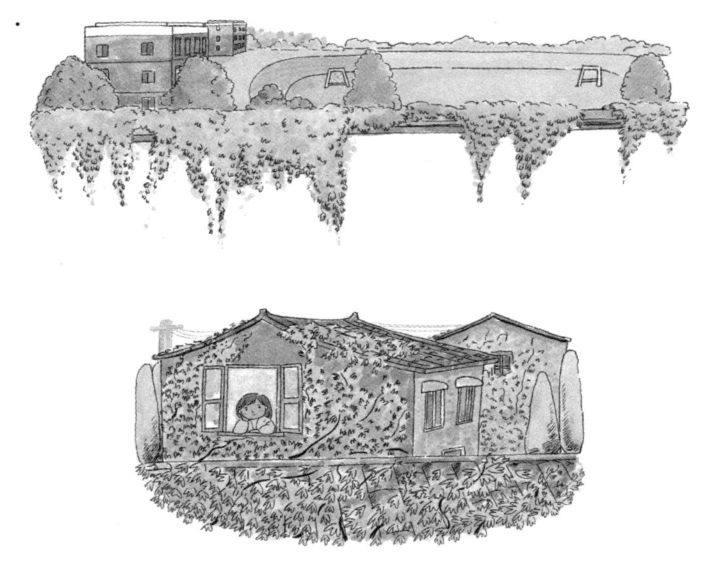

图 12-1　《爬山虎的脚》组图

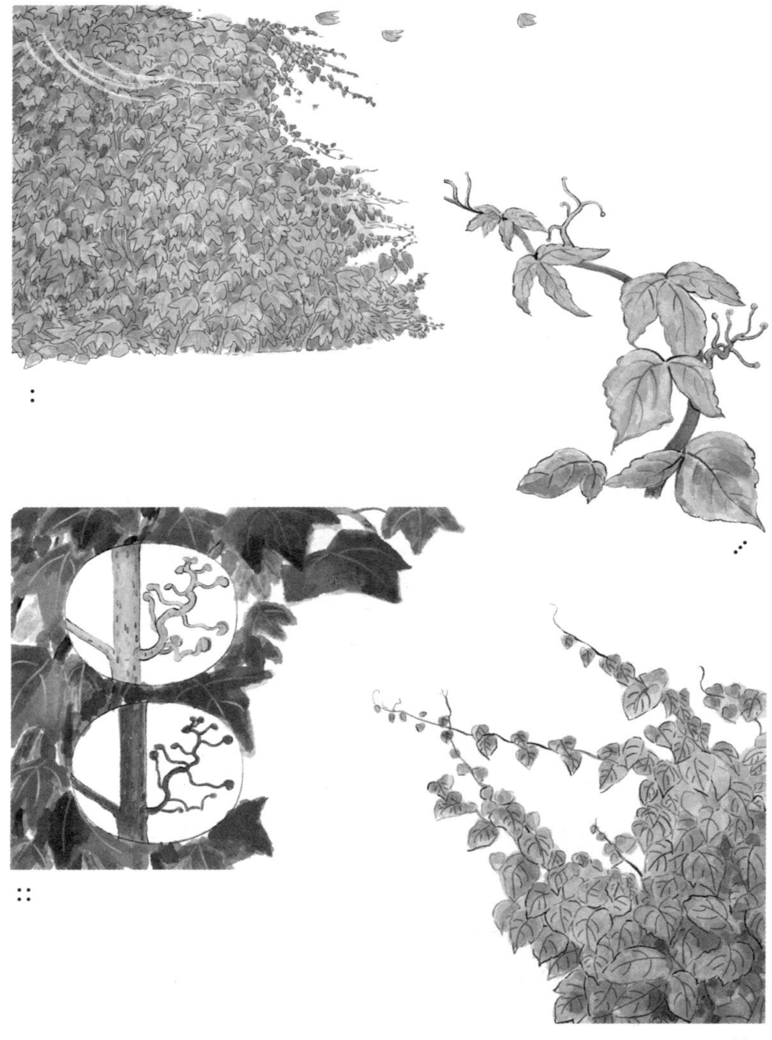

图 12-1 《爬山虎的脚》组图（续）

这组图片与文章的吻合度非常高，用视觉化的方式再现了文章的细节，不仅有助于孩子复述文章内容，还有助于孩子发展审美能力。

具象图片非常容易找到，最简便的方式就是从绘本里抽取体现关键情节的图片，帮助孩子转化信息、串联情节。需要特意说明的是，“复述”不是“背诵”，家长要特别关注孩子在复述时用的是不是自己的语言，并且尽量让孩子复述那些他们不太熟悉的故事，以增强练习的效果。以《皇帝的新装》为例，家长可以利用图 12-2，帮助孩子串联情节。

图 12-2　《皇帝的新装》组图

图 12-2　《皇帝的新装》组图（续）

这组图片按顺序呈现了故事的发展：皇帝爱新装—骗子做新装—大家看新装—皇帝穿新装—皇帝展新装。孩子在这些图片的帮助下，更容易完整地回忆起故事情节，进而用自己的话复述出来。

除了具象图片，图片支架还包括抽象图片。抽象图片就是图示，它不但能呈现信息，而且能呈现信息之间的关系。

比如，复述《卖火柴的小女孩》时，孩子可以用情节图（见图 12-3）作为支架。

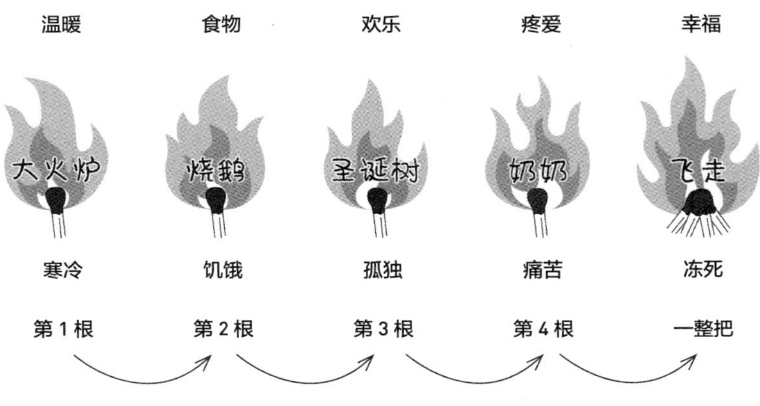


图 12-3　《卖火柴的小女孩》情节图

复述童话《那一定会很好》时，孩子可以用心情曲线图（见图 12-4）作为支架。

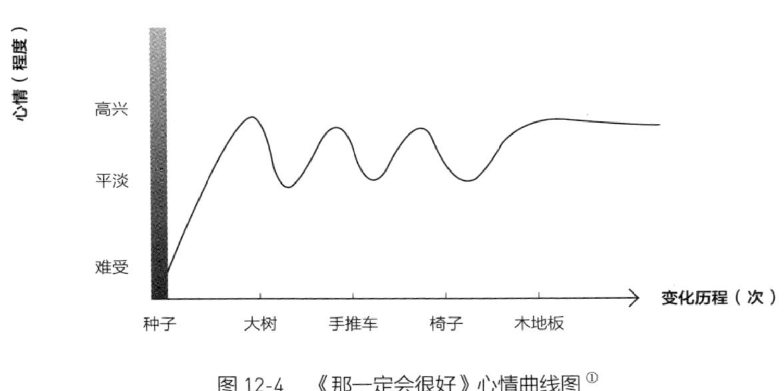


图 12-4　《那一定会很好》心情曲线图[①]

① 顾倩. 图像化阅读策略在小学语文教学中的应用［D］. 北京：首都师范大学，2020.

复述童话《一块奶酪》时，孩子可以用情节结构图（见图12-5）作为支架。

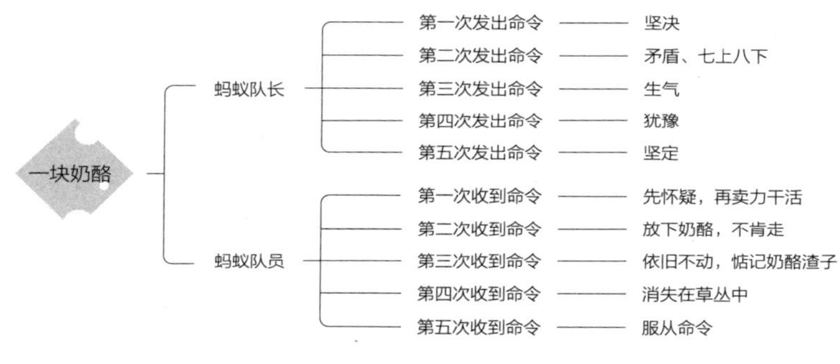


图 12-5 《一块奶酪》情节结构图[①]

无论情节图、心情曲线图，还是情节结构图，都属于抽象图片。在孩子学习复述的初期，抽象图片给他们的支持远没有具象图片那么大。随着孩子一天天地长大，他们的思维逐步向抽象思维发展，在这个发展阶段，抽象图片就能够起到引领作用了。

2. 词语支架

词语支架，既可以是从文章中选出来的关键词，也可以是概

① 顾倩．图像化阅读策略在小学语文教学中的应用［D］．北京：首都师范大学，2020.

括主要情节的短语，还可以是标志故事发展的关联词语。以《安徒生童话》中的三篇童话为例。

从《老头子做事总不会错》中，可以选出这些关键词作为词语支架：马、母牛、肥羊、大鹅、母鸡、烂苹果。

从《拇指姑娘》中，可以找出概括主要情节的短语作为词语支架：蛤蟆抢亲、鼹鼠求婚、遇见王子。

从《坚定的锡兵》中，可以挑出标志着故事发展的关联词语作为词语支架：先、后来、接着、最后。

在词语支架的提示下，孩子更容易抓住重点，完整而有序地进行复述。

3. 句子支架

家长要选择能够整体呈现文章内容、情感或环境变化的一组句子作为句子支架。下面以散文《心田上的百合花开》为例进行讨论。

心田上的百合花开[①]

林清玄

在一个偏僻遥远的山谷里，有一个高达数千尺的断崖。不知道

① 林清玄．心田上的百合花开［J］．学生之友（初中版），2004（6）：16.

什么时候，断崖边上长出一株小小的百合。

百合刚刚诞生的时候，长得和杂草一模一样。但是，它心里知道自己并不是一株野草。

它的内心深处，有一个内在的纯洁的念头："我是一株百合，不是一株野草。惟一能证明我是百合的方法，就是开出美丽的花朵。"

有了这个念头，百合努力地吸收水分和阳光，深深地扎根，直直地挺着胸膛。

终于在一个春天的清晨，百合的顶部结出了第一个花苞。

百合的心里很高兴，附近的杂草却很不屑，它们在私底下嘲笑着百合："这家伙明明是一株草，偏偏说自己是一株花，还真以为自己是一株花，我看它顶上结的不是花苞，而是头脑长瘤了。"

公开场合，它们则讥讽百合："你不要做梦了，即使你真的会开花，在这荒郊野外，你的价值还不是跟我们一样！"

偶尔也有飞过的蜂蝶鸟雀，它们也会劝百合不用那么努力开花："在这断崖边上，纵然开出世界上最美丽的花，也不会有人来欣赏呀！"

百合说："我要开花，是因为我知道自己有美丽的花；我要开花，是为了完成作为一株花的庄严使命；我要开花，是由于自己喜欢以花来证明自己的存在。不管有没有人欣赏，不管你们怎么看我，我都要开花！"

在野草和蜂蝶的鄙夷下，野百合努力地释放内心的能量。有一天，它终于开花了，它那灵性的白和秀挺的风姿，成为断崖上最美丽的颜色。

这时候，野草与蜂蝶再也不敢嘲笑它了。

百合花一朵一朵地盛开着，花朵上每天都有晶莹的水珠，野草们以为那是昨夜的露水，只有百合自己知道，那是极深沉的欢喜所结的泪滴。

年年春天，野百合努力地开花、结籽。它的种子随着风，落在山谷、草原和悬崖边上，到处都开满洁白的野百合。

几十年后，远在百里外的人，从城市，从乡村，千里迢迢赶来欣赏百合开花。许多孩童跪下来，闻嗅百合花的芬芳；许多情侣互相拥抱，许下了“百年好合”的誓言；无数的人看到这从未见过的美，感动得落泪，触动内心那纯净温柔的一角。

那里，被人称为“百合谷地”。

不管别人怎么欣赏，满山的百合花都谨记着第一株百合的教导：“我们要全心全意默默地开花，以花来证明自己的存在。”

在这篇文章中，画直线的句子是一组，侧重讲述百合开花的经历；画波浪线的句子是一组，侧重呈现百合的精神世界。

3 Minutes 分钟 | 工作坊

## 百合生活的环境

在《心田上的百合花开》一文中，找到描写百合生活环境的句子（包括自然环境和人文环境），在文中用括号标出来。

百合生长在断崖上，这样一种自然环境已经非常恶劣了，文中又写到了它周围的人文环境——杂草的不屑和讥讽、蜂蝶鸟雀的“劝说”和否定，更加凸显了百合处境的艰难。直到百合努力绽放出花朵，开得满山满谷，它周围的环境才发生了巨大的变化：人们远道而来，只为欣赏百合的风姿。

对孩子来说，《心田上的百合花开》是一个比较复杂的文本。我在这里用它举例，意在说明句子支架有多种类型，家长要引导孩子进行多样复述：假如孩子比较擅长使用叙述情节的句子作为支架，就要提示他们关注描写内心活动的句子；假如孩子容易忽视环境描写，就要引导他们以表示环境变化的句子为支架，进行复述。

### » 等待的耐心

“等待”是生活中的常态，人生就是由无数“等待”串联起来的，学会等待也是人生的必修课。很多家长虽然在其他情况下善于等待，但是在家庭教育的情境下，反而常常忘记要等一等孩子。假如目标合理、方法正确，孩子还是没有达到家长所期待的状态，家长能做的只有等待。

我经常到中小学去听课，老师在课堂上布置任务时，会让孩子准备五分钟或七分钟，虽然在成年人看来只有短短两分钟的差别，但是对孩子而言，完成任务的效果却有很大的不同。

等待，是一种发自内心的信任。愿意等待孩子的家长，神色温和、语气和缓，能根据孩子的状态，选择直视或避开孩子的眼神，不提示、不补充，安安静静地等孩子组织好语言，按照自己的理解完成复述。

为什么要把“等待”放在最后讨论？因为积极的等待要以正确的方法和合理的预期为基础。先进的教育评价理念强调“增值性评价”——孩子的智能结构不同，并非所有孩子的语言智能都处于高水平，这也意味着我们要看到孩子的潜能和进步。家长要多关注自己的孩子，准确判断孩子所能达到的复述能力层级，分析孩子的发展趋势，根据实际情况，合理地设计学习活动，为孩子提供真实、有效的帮助。此外，家长还要有意识地为孩子建立“成长记录袋”，关注孩子每一次复述的状况，看到孩子细微的进步；也可以时不时地让孩子把以前复述过的文章“重来一遍”，更为具体地看到孩子的发展变化。

---

- “增值性评价”不以学生的考试成绩为唯一的评价标准，而是强调学生的学业成就在一段时间内的变化，关注学生的进步，尊重学生之间的差异，是一种更加科学、更加公平的评价方式。
- “成长记录袋”是一种源自国外的教学评价方式，是根据教学目标，有意识地收集学生的作品及各种学习成果、生活资料，这些内容反映了学生付出的努力和取得的进步，能让学生向他人展示自己的学习成果、进行自我反思与评价，从而激励学生取得更大的进步。通过分析学生的“成长记录袋”，教师也能及时了解学生的发展状况。“成长记录袋”可以收集形式多样的作品，包括但不限于作文、绘画、手工作品、录音、录像，等等；此外，还可以收集教师、家长、同伴对学生的评价，以及学生的自我评价。

---

复述是促进语言发展的基础训练。孩子通过平时的练习，知道自己可以说得清楚、说得完整，就会更有在人前发言的意愿、

信心和胆量；每次发言后，孩子也能通过反思，提醒自己下次应该注意哪些地方。久而久之，孩子的口语表达能力和思维品质，都会得到整体的提升。在这个过程中，家长既要用行动去助力，也要用耐心去等候。

3 Minutes 分钟 | 工作坊

## 本章学习要点回顾

本章提到了家长在生活中引导复述的几个案例，这让你对“复述”有了怎样的认识?

“我一直以为亲子共读的时候才需要让孩子复述，原来生活中发生的每一件事，都能成为很好的训练素材，提高孩子的表达能力。”

“在孩子复述之前，家长的引导特别重要。有时候忙着做别的事，就容易忽略孩子的想法和感受，没耐心听孩子把话说完。其实，引导孩子复述，不仅是平复孩子情绪的过程，也是我们了解孩子的过程。”

“以前孩子闹情绪，我会直接问他为什么，他也说不出个所以然，这就属于无效沟通。其实复述应该是一轮一轮去引导的，先让孩子把注意力集中在事情上，平复情绪，再层层深入，讲事实、想办法。”

…………

**请在这里写下你的答案：**______________________________

______________________________________________

______________________________________________

引导复述的几种支架，不仅能用在家庭读写活动中，也能用在日常生活中。请选择一种你想带孩子使用的复述支架，说说怎么让孩子在生活中复述事情的时候使用它。

“搭建图片支架其实可以用照片，让孩子去回忆过去的某件事、某个场景、某个人，并借助照片复述出来。”

“词语支架和句子支架可以用来帮孩子打腹稿、列提纲。可以让孩子在复述之前先记录一些关键词、关键句，然后再按照顺序展开讲。”

“孩子平时复述复杂的事件，可以用到抽象图片，也就是图示。如果一件事的步骤比较多，可以让孩子先画一画流程图，再对照着讲；如果一件事可以展开好几个方面去讲，可以让孩子先画一幅思维导图，再去复述。”

…………

**请在这里写下你的答案：**______________________________

______________________________________________

______________________________________________

复述支架的使用场景非常丰富。家长如果能依照孩子的具体情况准备合适的复述支架，并且有意识地引导对话，给予孩子足够的耐心，就能在很大程度上帮助孩子提升复述能力。

## 本章要点

复述并不是简单地“再说一遍”，而是一种训练情绪力、思维力和表达力的有效手段。引导复述，则是一种重要的教养方式。除了在读写活动中引导复述，生活中的很多场景都可以为家长引导对话提供大好时机：让孩子缓和情绪、回忆事件、反思行为、思考对策，既解决了眼前的问题，也让孩子拥有了处理问题的经验；从简单复述、详细复述、想象复述到有目的的转述，孩子复述的层级在慢慢进阶，表达能力也在悄然提升。

在这个过程中，家长能做出恰当的引导很重要，能为孩子提供复述的支架也很重要；耐心等待孩子的每一次复述、每一点进步、每一分成长，也同样重要。

拥有了合适的阳光、雨露和土壤，花儿总会在不知不觉中全心全意地默默开放。我们要做的，只是静待“花开”而已。

## 语文学习家庭支持清单

请在你做到的事项前打“√”，并为自己打分。

- ■ **留意生活中可以引导复述的场景，引导孩子进行复述，推演解决问题的办法** ★★★★★
- ■ **引导孩子复述时，让孩子暂时搁置情绪，把事情说完整、说详细** ★★★★★
- ■ **通过观察，了解孩子目前所能达到的复述能力层级** ★★★★★
- ■ **根据孩子的情况，选择具象图片或抽象图片作为支架，帮助孩子复述** ★★★★★
- ■ **指导孩子借助词语支架进行复述** ★★★★★
- ■ **启发孩子从不同角度选择句子支架进行复述** ★★★★★
- ■ **建立“成长记录袋”，收集孩子的复述成果，记录孩子的每一点进步** ★★★★★

第十三章

# 创作有方：从素材收集到创意表达

---

独创性通常在于发现两个或多个研究对象或想法之间的联系或相似之处。

——［澳］贝弗里奇

---

## 木棉

2022年2月到4月，我在珠海上课。一走进校园，就看到了高大的木棉树。“我必须是你近旁的一株木棉，作为树的形象和你站在一起。”脑中浮现出多年前喜爱的诗句。文学语言和现实生活突然叠合，惊喜非常。

那两个月里，我曾经在木棉树下看一朵花缓慢飘落，漂浮在微绿的水面上，像一个红色的句号。我曾经迎着晨光，眯着眼睛，一朵一朵地欣赏45度朝向阳光的挺拔花朵，透过光，红如玉石般地盈润温和。我曾经在雨中蹲下来，跟一朵零落的木棉花对话，它肉质的花瓣，任凭雨水冲洗，不褪色、不萎靡，颇具壮士风采。走在路上，我曾遇见一个白裙飘飘，骑单车的女大学生，手握一朵木棉花，远远飞来，木棉花像一只旋转的风车，整个画面明亮脱俗，美得惊心动魄。跟本地学生聊天，说起木棉，学生有感而发："我们见到木棉花落地，要收拾起来，晒干了泡茶、煲汤。木棉的根皮、茎皮和刺，磨成粉还可以做成治粉刺的药膏呢！"另一位学生提醒我："您只看花，木棉树也很好看。"果真，木棉树是落叶大乔木，直立的树干挺脱有力，枝条平行伸展，顶天立地的，花开的时候没有叶，树干和花朵的组合英雄气十足，一副凯旋的样子。

我自己把校园里的木棉树编了号码，设计路线，每天跑步时一一拜望，多了一群朋友，多了许多滋味。以澄蓝色天空为背景的纯红色花朵，带来强烈的视觉冲击力，让我常常想把两个颜色调和起来。一比一的纯蓝和纯红，调出来的是纯紫色，高贵的颜色。暮色中的树影，硬朗的和柔美的线条组合成独特的旋律，让人想到机车夹克搭配纱质长裙，别具时尚感。某天清晨，声乐系的学生在水边的木棉树下练声，他们的老师晨练归来，大约在相距 50 米的地方，开始纠正学生的发音。老师边走边唱，学生跟着老师的示范修正。我听不出差别，只觉得在木棉树下的这一幕是难得的风景。给自然添色的，一定是生活在其中的人。

其间，我读到一篇报道，题为《攀枝花的攀枝花开了》，才知道木棉花是广州、崇左、攀枝花的市花，它还有"斑芝树""英雄树""吉贝""烽火"等别称。别称各有来历，看了那些传说、故事，倒更觉得"木棉"的名字朴素得让人踏实——木本科，果实生出“棉”，属性和用途组合而成的名字。

两个月过去，木棉在我心中有了缤纷的形象，缤纷到想不起舒婷的诗句了。冥冥中，我认定木棉的花语是“珍惜”——珍惜各个时刻的美景，珍惜各种体验的美好。忍不住去查，竟然跟我想的一样，缘分又加了一重。

我离开珠海前，学生特意买了印有校内木棉照片的明信片送给我。离开珠海后，学生又常发来不同时节木棉的照片，虽然辨不出是哪棵树，但我知道，哪一棵我都爱。

上文是我根据自己在珠海的生活经历所写的散文——《木棉》。图 13-1 体现了这篇散文的创作过程。

素材是零零散散收集的，收集的顺序与写作的顺序并不一致。将这些素材按照我在珠海校区生活的时间顺序串联起来，一头一尾用舒婷的诗句形成呼应，这是我组织素材的思路。最后的文稿体现着我对木棉独特的观察视角与独特的感悟，借助我的生活经历、语言经验、知识积累、思维能力，把碎片化的想法变成实际存在的文字，体现着我的个性特点——创意不在于每一则素材，而在于素材的加工方式。

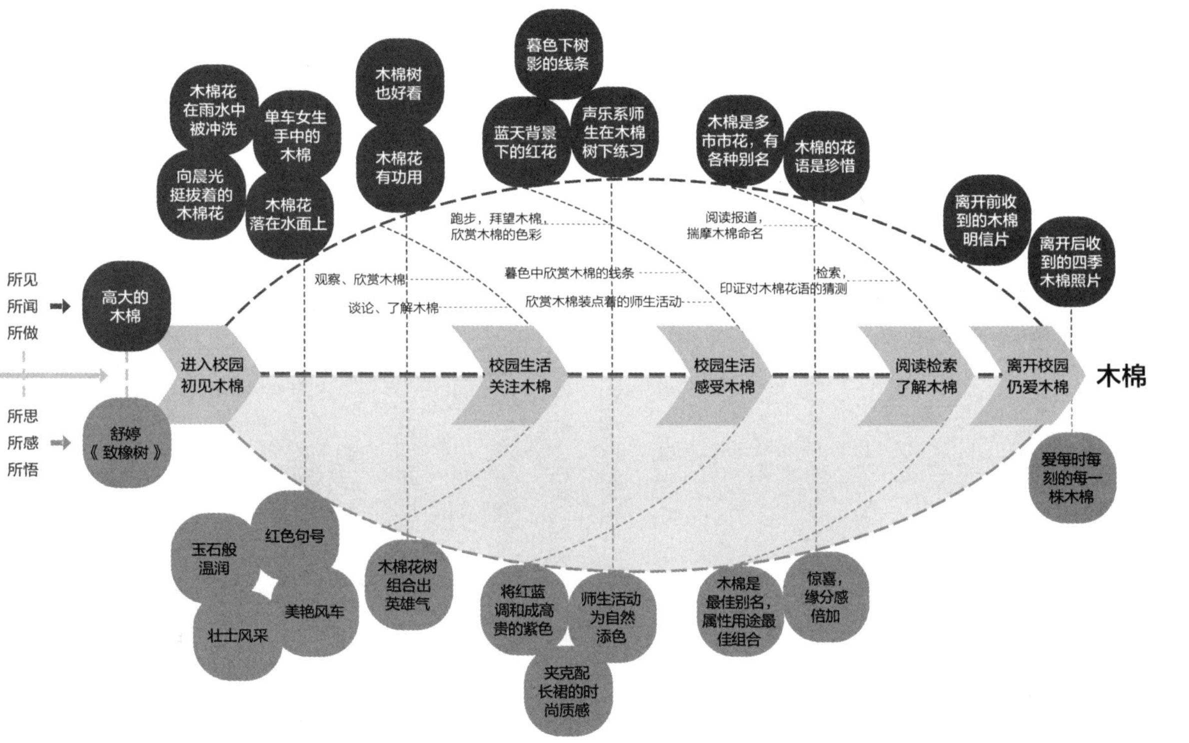


图 13-1 《木棉》创作过程示意图

3分钟 Minutes | 工作坊

## 谈谈“素材收集”

阅读《木棉》一文及其创作过程示意图，挑出让你印象深刻的素材，说说你对素材收集的认识。

“舒婷的那句诗，我也特别喜欢。我感觉阅读就是一个积累素材的过程。”

“穿白裙子、骑着单车的女孩，手里拿着一朵红色的木棉花，这个场景颜色特别鲜明，让人印象深刻。这样一个画面可能我们稍不留神就会错过，只有多留心观察，才能收集到好的素材。”

“我对那些知识性的素材比较感兴趣，比如木棉的名字那一段，很长知识，原来木棉花就是攀枝花。”

…………

**请在这里写下你的答案：**____________________

______________________________

______________________________

______________________________

素材的来源多种多样：无论从书中读到的、从影视剧中看到的、从生活中观察到的、亲身经历过的、受到某种触动想到的，还是有意识检索资料获得的，我们都可以收集下来，供未来使用。

所谓“收集”，就是聚拢，也就是把分散的事物集中在一起，收集的过程也是建立联系的过程。分类，是建立联系的一种方式。分类没有一定的标准：可以按照语言材料的类型，分为词汇、句子、文段、修辞等；也可以按照素材的来源，分为读到的、看到的、经历的、想到的等；还可以按照素材的内容，分为人物、事物、风景、事件、知识等。有时，我们还可以根据实际情况，灵活调整分类标准，或是将几种分类方式结合使用。从某种意义上说，分类还只是一种浅层次的建立联系的方式，如果想建立更有价值的联系，我们需要不断地翻阅素材、发现素材与素材之间的关联，从而激发新的灵感、形成新的认识。随着建立联系的角度的变化，我们获得的灵感和认识也会不同。

## 观察、觉察、洞察：素材收集和灵感触发

我自己习惯于用卡片记录生活，记录的过程是回忆、联结的过程。下面是我用卡片收集的一些素材。

【素材1】

一只灰喜鹊站在窗外，站的时间长了，我打开窗，它在护栏上叫，飞上飞下。第二天6:45，它又来了，嘴顶着玻璃，眼神专注，等我开窗。

【素材2】

学生带着孩子来看我。走到湖边，孩子兴奋地叫道："小䴙䴘！"我以为是英文，悄悄"百度"，发现是汉语，居然是我不认识的字，连忙记下来。今天认识了很多鸟，因为小朋友在学校选修了"鸟类观察"，懂得多，讲得清楚。

【素材3】

我们给常来的灰喜鹊取名为"小蓝"，因为它的头顶有一片"伦敦蓝"。

【素材4】

先生给小蓝准备了小米、曲奇饼干、坚果碎、瓜子，瓜子最受它喜爱。小蓝"嗑瓜子"的动作特好玩，衔起、放下，在护栏上击打，终于放在窗台上，用嘴敲开。见它吃得费力，我们决定剥开再给它。我们剥瓜子，它定定地看着，突然飞进房间里，等不及似的，从先生手上把瓜子仁儿啄走，反复好几次。

【素材5】

学生家的二宝告诉我，她在路边见到一只受伤的小鸟，带回家疗伤。妈妈见小鸟在家里待得挺好，买了精致的鸟笼，小鸟居然在漂亮的鸟笼里死去了。全家不甘心，再买回一对鸟，又没有养活。二宝说："我不知道那个鸟笼怎么了。"我觉得鸟儿是孤独而死的，不敢对孩子说。

【素材 6】

小蓝今天飞进房间里，跟我们玩了好久。先生把瓜子仁儿放在手上，逗着它出去了。

【素材 7】

家里的大黄米吃不完，先生建议拿到公园，布施给鸟儿们。妈妈先带着一袋子进了公园，我们去的时候，看到妈妈用米排出了整齐的图形。妈妈做过数学老师，职业特点明显。

【素材 8】

学生的孩子在读《夜莺》，打电话和我分享她的阅读感受。小朋友长大了，能够想到人与自然的关系。我让她读《珍珠鸟》和几首古诗，读完再讨论。

【素材 9】

学生给我发来微信，下面是微信的内容。

我们这里的风俗是初二那天要去姥姥家。大年初二那天，天降大雪，我特喜欢一个人走在雪地里，就没有和家人一起走。我走的是穿越田野的小路，在一棵大树下看到一只斑鸠，胸前被风雪打得结满了冰。斑鸠还活着，但是已经僵在那了。我停了下来，脱下手套，用手握住斑鸠。斑鸠没有挣扎，我把它放在嘴边呵气，把它胸前的坚冰融化，然后，我拉开羽绒服，把斑鸠放进怀里。大概暖了半小时，斑鸠咕咕叫了几声。这时候，我看着这只鸟，心里有一种特别的柔情和哀伤。我把它拿出来，双手展开，斑鸠振翅飞走。我在原地站了好久，一直在想：这是一种怎样的缘分？一人一鸟，满天飞雪，我觉得那一刻，我创造了一个很动人的画面。

3分钟 Minutes | 工作坊

## 素材的选择

如果从上面的 9 个素材中选择 3 ~ 4 个，组成一篇文章，你会选择哪几个素材？请用一句话说明你选择这几个素材的理由。

“我会选 1、3、4、6 这几个素材，因为它们讲的都是和灰喜鹊小蓝之间的故事。”

“我选 2、5、8，它们都跟孩子和鸟类的互动有关。”

“5、7、8、9。这几个素材说的都是人与自然的关系。”

…………

**请在这里写下你的答案：**________________________________

________________________________________________

________________________________________________

大家选择素材的理由，可以转化为这篇文章的主题思想。同样的素材，如果从不同的角度进行组合，就能写出不同的文章、表达不同的思想情感。

通过上面这个选择素材的过程，你在帮助孩子收集写作素材方面，受到了哪些启发？

“收集素材的时候可以广泛一些。虽然写作文时孩子不一定能把素材全都用上，但是收集得越多，选择就越多。”

“按不同的主题组合素材，就能写出不止一篇作文。”

“素材本来是很零散的，不能随便往一起拼凑，得按一个中心思想去组合，才不会写跑题。”

…………

**请在这里写下你的答案：**________________________________

________________________________________________

________________________________________________

上面的 9 个素材，被我调用起来，写成了以下这篇散文。

# 小蓝

我住在奥森附近，常见各种鸟；曾经跟学生的孩子到水边观鸟，识认了小鹏鹛、秧鸡、绿头鸭，能分辨花喜鹊、灰喜鹊；曾经与家人一起“布施”，把吃不完的米谷送到雨燕塔，均匀撒开；曾经追着摄影爱好者的镜头，看到各种各样的鸟各种各样的姿态，惊讶于鸟儿的炫彩。但我从未想过，会有一只灰喜鹊飞到我的窗前，成为我的亲密伙伴。

我叫它“小蓝”，因为它的头顶有一片“伦敦蓝”，闪着深邃的光。最初，小蓝在我工作的时候悄悄地在窗边观察我，嘴顶着玻璃，眼神专注。我向它微笑，不敢开窗，怕惊着它。慢慢地，它站在窗边的时间越来越长，我觉得不开窗好像是不为来访的客人开门似的，于是试探性地打开了窗。小蓝并没有飞走，叽叽喳喳地在护栏上叫，飞上飞下，像是作飞行表演，而且对我这位观众很是满意。小蓝每天来，6:45 我开始工作，它就来跟我打招呼，玩几分钟再离开；16:00 前后再来，玩的时间更长一些。遇上我在线开会，它就一直等，一直等，时不时敲敲窗。我只好关上麦克和摄像头，跟它打招呼，顺带说明缘由。

先生觉得应该给小蓝预备吃的，他准备了小米、曲奇饼干、坚果碎和瓜子。瓜子最受小蓝喜爱，也许是瓜子的香气对它的胃口。尽管没有掌握吃的要领，小蓝也集中精力“嗑瓜子”：衔起、放下，在护栏上击打，终于放在窗台上，用嘴敲开。见它吃得费力，我们决定剥开再喂给它。我们在剥瓜子，它定定地看着，突然飞进房间里，等不及似的，从先生手上把瓜子仁儿啄走了。如是几次，我们笑着剥着，它欢快地飞进飞出，啄走享用。每天早晨，我会先抓一把瓜子放在窗边，小蓝来了，立即启动游戏，众生皆欢。先生平时总是叮嘱我："原味的瓜子不好买，你别吃啊。"他不叮嘱，我也不会吃的，因为家里的瓜子都是"小蓝专用"。

一天，我正在电脑上噼里啪啦地敲字，没注意到窗外"久候"的小蓝。停下来时，转头看到它，满心欢喜。开窗、剥瓜子、啄食，节奏匀称，氛围美好。小蓝似乎觉得我需要补偿它的"久候"，干脆飞进来，站在我的书架上，还打算踏上键盘。我只好关上电脑，一心一意陪着它在书桌上"闲庭信步"。过了一会儿，它飞出去，怕我关窗，又迅速地飞进来。先生听见声音，跑来继续喂食。玩的时间挺长了，小蓝还不愿离开，我们只好像哄小朋友一样哄它出去，慢慢关窗，看它欢脱地飞走。奥森周围的鸟类有足够的食物，很多时候，我们放在窗台上的瓜子更像是小蓝的"玩具"。它爱玩，我们爱看它玩，彼此开心。

又过了几天，小蓝开始衔来生锈的小铁环，放在窗台上，陆陆续续地居然攒了六七个，就像小朋友的"宝库"，又像是专门送给我们的礼物。我们录制了视频、拍了照片，发给远在国外的儿子，分享给身边的朋友，平添了许多快乐。

学生的孩子告诉我，她在路边见到一只受伤的小鸟，带回家疗伤。她妈妈见小鸟在家里待得挺好，就买了精致的鸟笼，可小鸟居然在漂亮的鸟笼里死去了。全家不甘心，再买回一对鸟，又没有养活。小姑娘特别困惑："我不知道那个鸟笼怎么了。"我不忍心告诉她"鸟儿一整天独自呆在笼子里，不舒服、不自在"。养鸟很不容易，最不容易的就是得有足够的时间陪鸟儿玩，听它婉转、悠扬、清脆、嘹亮的歌声，还要带它去跟别的鸟儿一起叽叽咕咕、嘤嘤呖呖。清晨公园里"赛鸟儿"的，大多把鸟儿当成家人看待，展示鸟儿的新技能，比展示自家孩子的新本领还要自豪。

我还听过一个受伤的小鸟的故事。一个少年，大年初二穿过田野的小路，去姥姥家拜年，路上遇到一只胸前结冰、僵在树下的斑鸠。他脱下手套，用手握着斑鸠，放在嘴边呵气，用气息融化它胸前的坚冰，然后拉开羽绒服，把斑鸠放进怀里，暖了大概半小时，后来惊喜地听到了斑鸠的咕咕声……雪地里，少年展开双手，斑鸠振翅飞走。一人一鸟，白雪纷飞，画面中最动人的是少年充满柔情的眼神。

小时候读《夜莺》，赞同夜莺离开、归来，再离开；后来读《珍珠鸟》，陶醉于人与鸟相处的和谐。鸟儿需要鸟笼，更需要交流；鸟儿需要食物，更需要平等相待。此刻，小蓝就在窗外，看着我写下关于它的文字。

读完《小蓝》，你会发现从素材到文章，好像发生了"脱胎换骨"的变化。根据主题选择素材，选定了的素材并不一定都能用上，能用上的那些，也有可能根据实际情况进行删减、改写，让主题思想更加集中。从我与小蓝的互动，到我对鸟儿向往自由、人类与鸟和谐相处的思考，我的思路就这样自然而然地延展下去，构成了这篇文章。

收集到足够多的素材对孩子的写作来说固然重要，但更重要的是，在收集素材的过程中，孩子能养成良好的观察习惯：观察自然、观察生活、观察他人、观察自我。当孩子观察时，他总能从脑海中调出过往的记忆，从而形成联结、引发思考。所谓灵感，是有赖于大量的观察和积累才能被触发的。养成良好观察习惯的孩子，也不会始终停留在“观察”的层面，而会渐渐将“观察”升级为“觉察”甚至“洞察”。

## 素材创意转化：照片写诗、卡片写作及素材拼图

在帮助学生建设家庭学习环境的过程中，我尝试过很多方法。下面是三种收效最佳的素材收集活动。

### » 用照片写诗、作文

用照片写诗通常是从“一句”到“一首”，它能帮助孩子养成积累的习惯，建立关联思维，形成润饰语言的意识。孩子通常乐于把自己发现的有趣的、奇怪的、美丽的场景指给家人看，“你看——”是我们跟着孩子看世界的机会。把“你看——”的场景

拍下来，我们可以问问孩子：“你最希望我看到的是什么？”这是孩子“语出惊人”的时刻，他们遣词造句的方式尚未受到“约定俗成”的限制，有着浑然天成的稚趣，诗意自在其中。冲洗或打印照片，把他们的这句话工工整整地写下来，这就是公开“发表”。这个过程不仅能增强孩子表达的信心，还能增加孩子识字的机会。如果家长自身的语言经验丰富，还可以提出用词的修改建议，征得孩子的同意后，重新书写。下面一组图（见图 13-2）就是孩子眼中的世界——诗化的世界。

云朵冰激凌　　这就是云海　　“晨光号”云朵潜水艇

图 13-2　孩子眼中的世界

把几张照片放在一起，看看哪几句诗能建立关联，把它们串联起来，就可以形成一首诗。例如上面的三张图片，连在一起，就是一首儿童诗。

云朵魔术师，
最会变戏法。
变一片汪洋的海，
变一艘海里的潜水艇，
变一支彩色冰激凌。

慢慢地，孩子可能会从不同的角度说出同一张照片中值得关注的地方，从文学创作的角度看，一张照片就是一首诗的素材。比如“云朵冰激凌”，启发孩子从多个角度描述画面，小诗人的创作如下。

大楼站了一天，
累了。
树枝摇了一天，
累了。
云朵变成一支冰激凌，
摇摇晃晃地来了，
大楼和树枝，
一点儿也不累了。

用照片作文，其实就是看图写话。比如，孩子 1 ~ 10 岁的生日照，每张照片背后都有一个故事。10 岁的小朋友很愿意听

“小时候的故事”，讲给他们听，请他们选择一张照片，写一写《生日的故事》。我见过一张照片，小女孩穿着芭蕾服，在一个天蓝色的舞台上跳舞，定格的瞬间，她的身体轻盈柔美，像个小精灵。小女孩拿着照片给我讲那次参加比赛的故事，讲述平常生活中的“高光时刻”。结尾处，小女孩说：“穿上芭蕾服，我就是另一个自己。”

### » 卡片写作

申克·阿伦斯在《卡片笔记写作法：如何实现从阅读到写作》一书中，介绍了一种名为“卢曼卡片盒”的方法——它由德国学者卢曼率先提出，是一种结构化的知识管理方法，同时也是一种有益于写作的素材收集方法。阅读时，卢曼每次遇到有价值的内容，就会将它记在一张卡片上，放进卡片盒里。日后，他会不断翻看这些卡片，思考它们之间的关联。随着卡片积累得越来越多、翻看的次数越来越多，他在各张卡片之间建立的关联也越来越丰富、越来越深刻。借助卡片盒，卢曼成了一位著作等身的学者。

“卢曼卡片盒”有一个重要的理念，就是不按主题给卡片分类。“卡片盒没有按主题分类，这是积极建立笔记之间联系的前提条件。”[①]“松散的顺序允许在必要时自由地改变笔记的主

① 申克·阿伦斯．卡片笔记写作法：如何实现从阅读到写作［M］．陈琳，译．北京：人民邮电出版社，2021：171．

题方向，并能提供足够的结构来建立复杂性。”[①] 正因为卢曼没有按照主题或其他标准刻意对这些卡片分类，它们才产生了无数种组合的可能。随着卢曼关注点的转移、灵感的触发和认知的提升，他在这些卡片之间不断建立新的、有价值的联系。

在孩子收集素材的过程中，家长也不必要求孩子为素材分类，而应该提醒他们不断地把自己认为值得记录的事情记在卡片上，并且不断地重新翻看这些卡片，获取新的灵感。如果征得了孩子的同意，家长可以从孩子的素材卡片中挑选自己最好奇、最感兴趣的几张卡片，请孩子展开讲一讲。家长也可以基于孩子积累的素材，用自己的人生阅历，去补充孩子的生活经验，为孩子提供更多的视角、激发更多的思考。

### » 素材拼图

写作的时候，看过的、听过的、经历过的事物，都可以成为备用的素材。“素材拼图”是一项有趣的家庭读写活动，虽然家长的认知方式和认知水平有差异，但是“共建”活动对孩子的帮助是很明显的。

---

① 申克 · 阿伦斯 . 卡片笔记写作法：如何实现从阅读到写作［M］. 陈琳，译. 北京：人民邮电出版社，2021：175.

3分钟 | 工作坊

## 素材拼图

阅读下面的素材卡片，请你从中选择素材，和你的生活经验联系起来，拟定一篇文章的提纲。

A. 山茶花，真是美极了。有红的、白的、紫的、粉红的、墨色的……有的一棵树上就有好多种颜色，甚至一朵花上就色彩缤纷。譬如山茶的白吧，那是怎样的白呀！像高山飞瀑溅出的水花一样晶莹，清凉入人心脾，但又不会刹那间消失，难于把握，而是静静地呈现在你眼前，让你赏个够。再如那墨茶，如果以为是一团墨，那就大错特错了，那是丽日下千尺深潭的深沉，带着波光，又带着阳光。那粉红的呢？也许只有九天的轻绡，才可以比拟吧……山茶花的花形也很美。有潇洒地舒展着单瓣的，也有重瓣的，有叠成六角形的，大小疏密排列有致。即使闭上眼，你还是会感受到：啊，美啊……（李岚《山茶花》）

B. 滇茶故不易得，亦未有老其材八十余年者。朱文懿公逍遥楼滇茶，为陈海樵先生手植，扶疏蓊翳，老而愈茂。诸文孙恐其力不胜葩，岁删其萼盈斛，然所遗落枝头，犹自燔山熠谷焉。（张岱《陶庵梦忆·逍遥楼》）

C. 桂林栖霞书院门口开着一树山茶，花朵大得惊人。红的花、绿的叶，对比有力。大红大绿的色彩搭配，不觉得俗气，只觉得大气。红艳、硕大的花朵，墨绿肥厚的叶子，显现出强大的生命力，让人震撼。

D. 2008 年，我在宁波见识了天一阁的茶花，远远看去，鲜艳得不真实，用手去验证，才确信是真花。久居北方，难得见到雨水充沛地区的花朵，居然以为是“假的”。那种壮观，每每想起，都觉得充满力量。

E. 且请看那一树，齐着华庭寺的廊檐一般高，油光碧绿的树叶中间托出千百朵重瓣的大花，那样红艳，每朵花都像一团烧得正旺的火焰。这就是有名的茶花。不见茶花，你是不容易懂得“春深似海”这句诗的妙处的。想看茶花，正是好时候。我游过华庭寺，又冒着星星点点细雨游了一次黑龙潭，这都是看茶花的名胜地方。原以为茶花一定很少见，不想在游历当中，时时望见竹篱茅屋旁边会闪出一枝猩红的花来。（杨朔《茶花赋》）

F. 昨晚从山上回来，采了几串茨实、几簇秋楂、几枝蓓蕾着的山茶。

我把它们投插在一个铁壶里面，挂在壁间。

鲜红的楂子和嫩黄的茨实衬着浓碧的山茶叶——这是怎么也不能描画了的一种风味。

黑色的铁壶更和苔衣深厚的岩骨一样了。

今早刚从熟睡里醒来时，小小的一室里漾着一种清香的不知名的花气。

这是从什么地方吹来的呀？

——

原来铁壶中投插着的山茶，竟开了四朵白色的鲜花！

啊，清秋活在我壶里了！（郭沫若《山茶花》）

提纲展示 1：　绝色茶花

· 开头：使用素材 D，引出对茶花色彩鲜艳的感慨。

· 主体：用素材 A、E、C，详写茶花颜色是怎样的鲜艳。

· 延伸：补充我读《茶花女》一书、看《茶花女》电影时的记忆。玛格丽特极爱茶花，总是随身带着一束茶花。她每个月有 25 天佩戴白茶花，其余 5 天佩戴红茶花。两极分明的颜色，象征了她两极的生活、两极的性情，暗示了她内心的矛盾。看到茶花，茶花女的形象在我心中就更鲜明了；想起茶花女，茶花好像也有了人的情感和个性，让我更加喜爱了。

· 结尾：茶花的绝色，不仅是表面的光鲜，还包含了不管他人眼光、勇于展示自己、我行我素的个性。

提纲展示2：想象滇茶

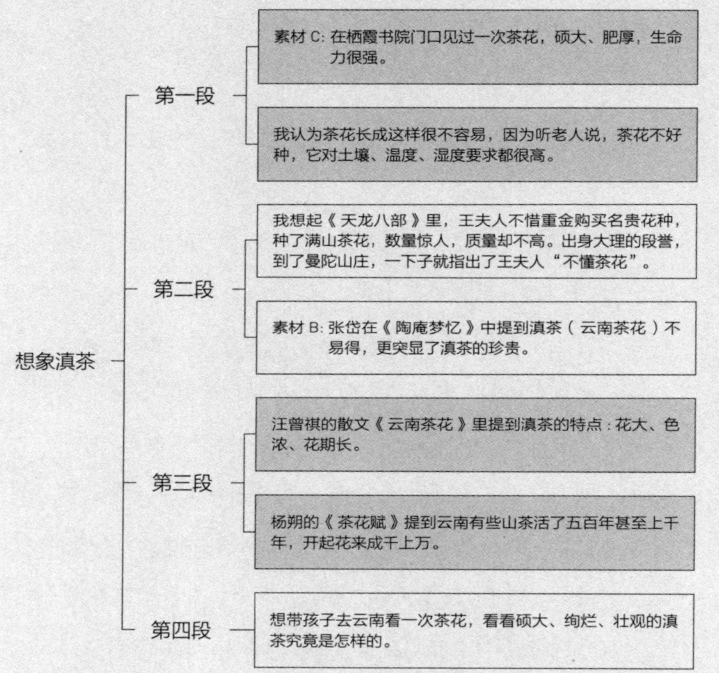


每个人都会根据自己对这个主题的了解和认识，设定主题框架，选择合适的素材，拼接到框架之中，再结合自己的经历和感受，这样就能形成一篇完整的文章了。大家拟定的提纲，视角不同、侧重点不同、思维方式也不同。我们在带孩子进行“素材拼图”的时候，也可以和孩子分别拟定提纲，分享彼此不同的见解和感受。

创作这类文章的时候，在构思上，通常有一些基本规律：先有一个“引子”，交代自己怎么想起写这个事物的；然后，或描述相关情境，或记叙相关经历，中间还可以插入一些文史资料；最后，表达自己的感受和认识。孩子的作品会更加简单，家长大致了解了这个思路，就可以从容地指导孩子去收集、整理素材并写作了。

受到生活经验和思维方式的限制，孩子写作时，容易陷在家庭生活、学校生活的范围中。假如家庭成员能和孩子共同创造更加丰富的经历，就能在很大程度上拓宽孩子的视野，丰富他们的生活素材。此外，除了生活素材、阅读素材，如果家长还能提醒孩子积累一些不同媒介的素材，比如图片素材、视频素材，如电影海报、新闻照片、公益广告等，把孩子的视野引向远方、引向他人、引向不同的媒介形式，那么孩子积累的素材就会在主题、形式上更加丰富。“素材圈”的扩大，意味着生活圈的扩大；素材联结方式的丰富，意味着思考角度的丰富。在帮助孩子收集素材以及将素材转化为表达的路上，我们大有可为。

3 Minutes 分钟 | 工作坊

## 本章学习要点回顾

在学习这一章的过程中，你有哪些“新发现”？

“原来比起素材本身，收集素材的过程更重要，它能培养孩子的观察习惯。”

“我们小时候摘抄好词好句，都会分成‘写景’‘写人’‘状物’‘记事’这几类。现在我才知道，原来分类不一定有利于整合素材，还是应该反复回看素材，才能不断产生新收获。”

“以前孩子虽然做了很多摘抄，但是我没见她用在作文里，我还挺犯愁的。原来素材不仅不一定非要用上，而且用的方式也可能不一样，可能孩子已经化用了，是我没发现。”

…………

**请在这里写下你的答案：**____________________

______________________________

______________________________

通过这次学习，你最想带着孩子一起实践哪种家庭活动？

“卢曼卡片盒，感觉很有意思。我和孩子都是手工爱好者，回去打算一起制作一个卡片盒，再多做一些卡片，既能积累素材，又很好玩。”

“用照片写诗吧。我本身是摄影师，也总带孩子出去旅行。趁这个机会整理一下之前拍的照片，也许孩子能给我不少惊喜呢！”

“我们孩子五年级了，正是学写提纲的时候。我打算让他试试‘素材拼图’，虽然有点儿难度，但是我想和孩子一起尝试一下。”

…………

**请在这里写下你的答案：**________________________________

________________________________________________

________________________________________________

## 本章要点

在生活中，家长经常问我："孩子积累得不少，就是写不出来。怎么才能从输入到输出呢？"这一章的学习或许能解决一部分家长的困惑。

对写作来说，素材的收集是一个非常重要的过程。重要的绝不仅仅是收集到的素材本身，还有在这一过程中建立的"留心观察"的意识，以及通过不断地翻阅素材发现的素材之间的新联系、获得的新灵感、形成的新认识。

在引导孩子收集素材的过程中，家长可以借助照片，启发孩子写诗、作文；可以借助卡片盒，帮孩子建立素材积累的习惯；还可以借助"素材拼图"，让孩子从无序的素材中，联系生活、确定主题，构思出一篇完整的文章。除了这些家庭读写活动，家长如果能有意识地帮助孩子丰富阅历、拓宽视野、积累形式多样的素材，那么孩子从阅读到写作、从生活到写作的路程，就会走得越来越顺畅。

## 语文学习家庭支持清单

请在你做到的事项前打"√"，并为自己打分。

- ■ **了解孩子目前的素材积累情况（有没有素材本、积累了多少素材等）** ★★★★★
- ■ **指导孩子用照片写诗、作文，帮孩子抄写下来，展示给家人** ★★★★★
- ■ **和孩子一起准备卡片和卡片盒，把素材记录在卡片上，收集在盒内** ★★★★★
- ■ **挑选一些素材，让孩子用"素材拼图"的方式确定写作主题、列出提纲** ★★★★★
- ■ **提醒孩子定期重新翻看自己积累的素材，说一说有哪些新发现** ★★★★★
- ■ **除了阅读素材、生活素材，提醒孩子注意收集图片、视频素材** ★★★★★
- ■ **有意识地丰富孩子的阅历，扩大孩子的"素材圈"** ★★★★★

# 后 记

写作《每个家都是学习的好地方》这本书是一个计划外的项目。我长于做生活规划、工作计划，基本上会按照年度日程表，有序地完成各项任务。2022 年的工作事项中，原本并没有这本书的写作任务。此前，作为教育者和研究者，我著书、写文章，都集中在语文教育教学的专业领域，虽然我也长期关注家庭教育这个话题，但是短期内并没有“出圈儿”“跨界”的打算。2021 年调入北京师范大学工作后，我更是计划把做行政工作那些年耽误的时间补回来，做一些深入的学术研究。

这本“计划外”的书之所以会诞生，是因为我开办了工作坊。2015 年，我去德国短期进修，初步感受到了工作坊在教师培训中的效果。2016 年，我系统学习了工作坊的设计与实施，2017 年开始采用工作坊的形式组织读书会。

我认为，工作坊类似于“众筹”，坊主和成员共同商定主题，梳理已经掌握的信息和期待解决的问题，设计学习活动，共同探索解决方案。工作坊中没有权威答案，每个成员都是发光体，每个答案都会在坊主的联结中发挥作用。在工作坊的促进下，参与者能在短时间内建立“学习共同体”，成员之间可以交换信息、交流思想方法，在共同探索的过程中取长补短，形成个性化的认识与行动计划。工作坊的成员通常能够获得学习的新鲜体验，而优秀的坊主能够设计出激发性强的活动，触及成员的深层情感体验，帮助成员反思自己的认知方式，并在学习进程中形成新的认知结构。我就是特别优秀的坊主，每次组织工作坊都能收获一批喜爱者。

王婧钰女士和尹秋鸽博士长期参与我主持的童书阅读工作坊，她们还抓住一切机会动员我主持工作坊，发动她们身边的人来参加。就是在两位的推动下，2022 年 9 月 30 日，我在人民邮电出版社组织了一次“帮孩子寻找人生之书”的工作坊，邀请了出版社的工作人员和智元微库团队参加。一上午的工作坊活动让大家兴奋不已，在一种热烈情绪的驱动下，当天下午，我就留下来和几位编辑开会讨论了书稿的策划方案。

必须承认，智元微库团队非常专业，他们对出版动态的把握、对书稿内容呈现方式的设计，都让我觉得自己进入了一个全新的领域。经过短短一下午的讨论，我们就确定了合作意向、时间规划，初步形成了样章结构。两周后，我把调整过的样章发给了编辑。经过两轮的修改和调整，到 10 月底，样章定稿了，初步规划的 13 个话题也通过了讨论，书稿的结构和体量都确定了下来。沟通的过程很顺畅，开头一点儿也不难。

因为这是计划外的项目，所以我只能用零散的时间收集整理资料。意外的是，通过整理，我发现自己近几年积累的素材极其充裕，我的写作兴致逐渐高涨。2022 年 12 月 1 日，我停止手头的其他工作，在键盘上敲下了本书初稿的第一行字。我每两天写一章，写完直接关电脑，暂时搁置。到了 12 月 17 日，初稿完成一半的时候，疫情来了。

11 月下旬，我们住的单元被封控了 3 天。12 月起，我和家人决定自我隔离，储备好了物资，不再外出。12 月 17 日，家里的老人开始发热，接着是我、我先生，险象环生。起初，我还坚持原有的工作节奏，直到 20 日，我高烧 39.9℃，只好停工。退烧后，我还要照顾全家人吃饭，做好清洁和消杀，体力不好，写作状态也不佳。全家抗原检测结果都转阴，已经是 29 日了，那时我已疲惫不堪。等到重新启动写作计划，我又觉得脑子不灵光，好几天还进入不了状态，体力依然不好，每天的工作时长只有原来的五分之一，还新添了头痛和失眠的问题，苦不堪言。

还好，有热爱我、真心帮助我的两位小伙伴。尹秋鸽博士承担了初稿的审校工作，她提出了很多很好的建议，因为这些具体的建议，我完成修改稿的过程慢慢顺利起来。第二轮修改后，我觉得稿子质量很好——知识准确可靠，策略和工具操作性强，表达方式也比较友好，能够帮助家长朋友解决现实问题。于是，我重拾自信。尤其是“3 分钟工作坊”，记录了家长的真实反应，同时也增强了阅读时的现场感，能让读者融入其中，边阅读边思考。这要归功于王婧钰女士，她策划并参与了我的多场工作坊，留下了珍贵的第一手资料。

同时，我也要由衷感谢人民邮电出版社的智元微库团队，正是由于他们专业和敬业的工作，这本书才能在这个艰难的寒冬如期完稿。

这本书的写作让我重新定义了生活方式，开始接受“计划外”的事物。生活要妙一点儿，机缘巧合，随缘随心，遇到障碍，也不必急躁。计划之外、生活之内，有个机会结识新朋友、触碰新领域、进入新的生活状态，也算乐事一件。

吴欣歆

2023 年 3 月 1 日于北京